ニュースの“なぜ？”は日本史に学べ

日本人が知らない76の疑問

伊藤賀一

JN230230

SB新書
453

はじめに

新聞やテレビのニュースに触れて、「わかったようでわからない」ともやもやした気持ちになることはありませんか。現代ニュースとは旬な事件やテーマを取り上げるものですが、それらを立体的に理解するには、今に至る過去のプロセスを知る必要があります。

たとえば、自民党の総裁選で三選を果たした安倍晋三首相は、憲法改正に取り組む姿勢を改めて示しました。なぜ、安倍首相、そして自民党は憲法改正にこだわるのか。それを理解するには「歴史」を学ぶ必要があります。憲法に関する日本史を知れば、きっと合点がいくはずです。

本書では、現代日本のニュースを読み解くうえで必要な、歴史の教養をお伝えしていきます。読み進めていくと、次のような日本の将来を左右する重大テーマに関しても、〝なぜ？〟という疑問が氷解していくはずです。

・アベノミクスで本当に日本経済は復活するのか？
・日本の安全保障は大丈夫か？
・少子高齢化で日本は衰退していくのか？
・天皇の生前退位が意味するものとは？

このように歴史を学ぶことは「今」を知ることにもなりますが、それ以外にも重要な意義があります。それは、現在、日本に暮らす私たちの常識は、必ずしも常識ではないと理解できることです。

たとえば、私たちは長らく「良妻賢母」という言葉にポジティブなイメージを抱いてきましたが、実はそれは明治維新後に根づいた「近代モデル」にすぎない。歴史的に見れば、庶民の女性がバリバリ働くのは当たり前でした。つまり、価値観は時代で変わっていくものであり、今の自分たちの当たり前は絶対的なものではないのです。

異なる価値観を知ることは、他者とコミュニケーションをとるうえでも重要なことです。国家間でも民族間でも、他者の文化や過去を受け容れることで、初めて本当の人間関係は始まります。同じ日本国内でも、たとえば福島県の会津地方の人たちは、戊辰戦争で戦った山口県（長州）に恨みをもっている、ということも歴史を知るからこそわかることです。歴史を学ぶことは、他者理解や謙虚さにつながるのです。

私は、日本史を専門とするプロ講師です。現在は有料会員数が60万人を超える「スタディサプリ」で講師を担当しています。生徒に「つまらない」と思われると、すぐに離脱されてしまうネットのオンライン講座で鍛えられてきました。私のセールスポイントは、日本史を中心に、倫理、政経、現代社会、世界史、中学地理・歴史・公民を横断的に教えられるということ。いわば「社会科のオールラウンダー」。そのため、本書では日本史にかぎらず、社会科の幅広い視点でニュースを解説します。それこそが、日本史と日本の大問題をつなげる有効なアプローチだからです。

本書で取り上げるのは、長い日本史のほんの一部にすぎません。本書をきっかけに、「日本史を教養として身につけておきたい」という人が一人でも増えることを願ってやみません。

　　　　　　　　　　　著　　者

第1章 日本経済は復活するか

第2章　日本の政治と天皇制

第3章 知られざる日本の軍事・外交史

第4章 深刻化する「少子高齢化」と「階級社会化」

第5章 歴史でたどる日本人的「空気」と「気質」

おわりに

第1章

日本経済は復活するか

Q1 なぜ江戸は世界一の都市になれたか？

2018年9月、自民党総裁選で勝利した安倍晋三首相。祖父である岸信介の弟、佐藤栄作の連続7年8カ月を超え、戦後最長政権が決定的となりました。

その安倍政権が成果を強調するアベノミクス。バブル期以来の高値で推移する株式市場。2020年に開催が迫る東京オリンピック・パラリンピック……。日本経済は上り基調、というニュースがあふれていますが、一方で一般市民レベルでは、賃金が大幅に増えたわけでもなく、安倍首相の言う富裕層からの「トリクルダウン（したたり落ちる）」はいったいどこの話？　という雰囲気で、その実感に乏しいというのが現実です。

さて日本経済は本当に復活し、かつての輝きを取り戻すのでしょうか。そして、私たちの収入は増えるのでしょうか。

その答えは、日本史を振り返ることで見えてきます。

まず質問です。日本史上、（政権として）最も経済力があった時代はいつでしょうか？

日本史の観点から言えば、それは昭和でも平成でもありません。答えは、**江戸時代**です。もちろん、人口が現在の約4分の1の3000万人台だったこともあり、経済規模では現代に及びませんが、少なくとも江戸時代前期、幕府は世界的に見てもかなりの経済力を誇っていました。

実際、徳川家は鎖国状態にもかかわらず265年にわたり長期政権を維持し、1000万を超える**江戸の人口は、ロンドンやパリをしのぎ、当時の世界一**でした。

江戸幕府の圧倒的な経済力は、次の5つの要素で説明できます。

①幕領
②主要都市・街道
③主要鉱山
④貨幣鋳造権
⑤貿易の独占・管理

ひとつずつ見ていきましょう。

①幕領とは、幕府の直轄領のこと。「天領」と呼ばれることもありますが、これは明治時代以降の呼び名です。

江戸時代前期、全国約3000万石のうち、幕領は400万石。大名で一番多いのが「加賀100万石」で知られる前田家ですから圧倒的な規模で、幕府は親藩・譜代・外様の各藩を圧倒する財源をもっていたのです。

②主要都市・街道を押さえていたのも幕府の強みでした。具体的には、江戸、京都、大坂の「三都」や駿府、長崎など主要都市を直轄。五街道（東海道、中山道、日光街道、奥州街道、甲州街道）のほか、脇街道と呼ばれる佐渡路や伊勢路なども直轄しました。

③主要鉱山も幕府の重要ツールでした。金・銀・銅など、国内外の取引に使える金属が手に入ることは大きい。伊予国（愛媛県）の別子銅山など民間の鉱山もありましたが、幕府は佐渡国相川《あいかわ》金山（新潟県）や但馬国《たじまのくに》生野銀山（兵庫県）、石見国《いわみのくに》大森銀山（島根県、世界文化遺産）や足尾銅山（栃木県）などを押さえていました。

また幕府は、金属の使いみちとして**④貨幣鋳造権**も有していました。飛鳥時代以降、長らく鋳造権をもつのは天皇だけでしたが、安土桃山時代に豊臣秀吉が初めて公的に鋳造しました。ただし、この「天正大判」などはまともに流通せず、相変わらず中国からの輸入銭が通貨となっていました。実際に流通する貨幣（＝通貨）の鋳造権をもった政権は、江戸幕府が最初です。

あとで詳しく述べますが、鎖国政策によって**⑤貿易の独占・管理**ができていたのも、経済力を語るうえで重要な意味をもちます。

これら5つの要素を握っていた幕府は、圧倒的な経済力を背景に、軍事力も強大となります。将軍直属の家臣である旗本・御家人の暮らしは、コメやカネで維持できるからです。軍事力はさらに政権基盤を盤石にし、経済が発展するための土台となる。好循環が生まれていたのです。

Q2　今の日本経済に停滞感を感じるのはなぜか？

ではここで、江戸幕府が圧倒的な経済力を得る要因となった5つの要素を、現代に当てはめてみましょう。すると、経済的な日本の立ち位置がくっきりと見えてきます。それは、**「ダメではないけれど大して強い国でもない」**という現実。日本は、アメリカ、中国に次ぐGDP（国内総生産）第3位で「経済大国」のはず。どういうことでしょうか？

領土（①）は約38万平方キロメートルで、けっして広くはないですが、狭いわけでもない。じつは国連加盟１９３ヵ国中、61位です。また、島国ならではの広い排他的経済水域（基線から２００海里）もあり、そこには水産資源や地下資源もあります。

都市・街道（②）のうち都市の魅力というのは、経済マーケットとしての規模や、観光客をどれぐらい集められるかにあります。また街道は、今の世界の感覚でいうと、航空機や船舶の交通ルートと考えられます。東京、京都、大阪に加え、名古屋や福岡など「点」としての都市パワーは十分ですが、国際空港・国際港などをつなぐ「線」としての交通ルートはどうでしょうか？　たとえば近場では、シンガポールに完全に負けています。アジアのハブ空港・港湾都市のポジションは取れていません。

地下資源（③）に関しては、日本は種類が多く「鉱物の標本室」と言われていま す。ウランやシェールオイルまで採れる。けれど、量はとても少ない。

また、ケータイやＰＣが大量に存在する大都市は「都市鉱山」と言われますが、廃品に含まれるレアメタル（クロムやマンガンなどの希少金属）も、あてになりません。なぜなら、廃品回収に出すことなく、たいてい家の隅や企業の倉庫に眠っているからです。

　期待できるとすれば、領海（基線から12海里）や排他的経済水域の海底に眠る地下資源でしょう。特に、日本近海に世界最大規模で存在するとされるメタンハイドレート（＝天然ガスが採取できる）は、未来エネルギーとして有望です。

貨幣鋳造権（④）を現代の経済に置き換えれば、「円のパワー」。「通貨のパワー＝国際社会における信用」ですから、これに関しては日本は十分あります。少なくとも円は、米ドル、ユーロ、ポンド、人民元と並ぶ立派な国際通貨です。

貿易の独占・管理（⑤）については、ＧＡＴＴ（関税と貿易に関する一般協定）から発展したＷＴＯ（世界貿易機関）の方針で、「自由・無差別・多角」化がどんどん進められ、現実的に管理不可能です。いらないはずのコメまで買わされているくらいですから。

　ただ、２００１年、カタールの首都で始まったＷＴＯ全体の話し合い（ドーハ開発アジェンダ）は、２０１１年以降休止中で、各地でＦＴＡ（自由貿易協定）やＥＰＡ（経済連携協定）が独自に締結されています。日本も２００２年のシンガポールを皮切りに、２０１８年のＥＵまで、16ヵ国・地域とＥＰＡを締結しています。

ＴＰＰ（環太平洋パートナーシップ）も、ロシア、中国を除く環太平洋の新たな巨大ＥＰＡのようなものです。日本はアメリカに追随するつもりが、なんとトランプ大統領が離脱を表明。代わりにＥＵ離脱予定のイギリスが、太平洋と関係がないのに参加したいと言ってくるなど、迷走中です。

自由競争になることで世界で戦える業界と苦しい業界の両方があるのは当然ですが、特に農業など第一次産業を筆頭に、日本は不利な状況です。なぜなら、通貨価値が高い日本は、基本的に輸出が有利な国ではないからです。

このように**江戸時代と比べると、今の日本は、ダメでもないけれど大して強い国でもない**（敗戦国、という現実を考えれば大した強さですが……）。

それに対して、アメリカ、中国、ロシアという「ビッグ３」は、国土が広くて開発の余地も残っており、圧倒的に有利です。

近年流行りのＢＲＩＣＳ《ブリックス》という新興経済国を示す用語も、ブラジル、ロシア、インド、中国、南アフリカすべてが広い国土をもちます。

そういう意味では、世界の歴史を見ると、日本に限らず国土の小さなイギリスやフランス、ドイツは頑張っているほうです。いまだ経済的に世界上位を占めているのですから。

Q3　インバウンドの経済効果に期待できるか？

ここから具体的に日本の現状に目を向けていきましょう。

近年日本を訪れる外国人観光客が急増しています。２０１８年は、８月の時点でなんと史上初の３０００万人を超えました。政府は２０２０年に４０００万人を目標としてきましたが、今後、上方修正されるでしょう。

このようなインバウンド（訪日旅行）収入は、日本経済に大きな効果をもたらすと期待されていますが、本当でしょうか？

移民や難民ではなく、観光客を呼びこみカネを落としてもらう手法は、日本では非常に有効です。なぜなら富士山などの自然や京都・奈良などの歴史的建造物、清潔で治安のよい大都市の魅力や各地の温泉など、さまざまな見どころ、売りがあるからです。

インバウンドの経済効果も、江戸に学べば、よくわかります。江戸が、極東の島国の、首都ですらないのに人口世界一でありえたのは「参勤交代」という、今でいう（藩という他国からの）インバウンドの要素が大きく影響しているからです。

参勤交代は、1年おきに大名に江戸へ出仕させることを定めた制度です。2年間のうち1年間は将軍のいる江戸に住まないといけない。しかも、妻子は江戸に「人質として」住ませることが義務付けられていました。参勤交代は、往復の旅費や二重生活費など各藩にとって莫大な負担となるため財政が悪化し、人質のこともあり幕府に反旗を翻すことは難しくなります。

抵抗勢力の予防と、支配関係の確認を目指して行われた参勤交代ですが、経済面では思わぬ効果がありました。各藩が江戸で莫大な消費をするため、江戸の繁栄は約束されたも同然です。

現代にたとえれば、東京ディズニーリゾートに1年間滞在するようなものです。数百名規模の団体客が敷地内のホテルに泊まり続け、すべての買い物や食事をすませる。宿泊費や生活費は、すべて運営会社の売上げになりますよね。

江戸の場合も、そこで落とされるカネは幕府を潤します。しかも、江戸までの交通、五街道や脇街道も幕府が直轄してるわけですから、参勤交代で往復する大名一行により、ものすごいカネが落とされるわけです。幕府が、ディズニーだけでなくＪＲや高速バスも押さえているようなものですね。

だからこそ、江戸は世界最大の（武士階級による）消費都市となり、上客がいるからこそ職人も商人も集まります。これこそ、まさに参勤交代によるインバウンド効果です。

さて、これからの日本経済を江戸に学ぶとすれば……。

さすがに封建社会ではないので、強引に観光客を呼ぶわけにはいきません。清潔さや治安の良さなどの魅力を維持しながら、定番の観光名所だけでなく、特色ある各地に、特別な体験を求める観光客を呼ぶアピールをすることです。

たとえば、宮城県なら仙台市のセンダイガールズプロレスリング道場のプロレス教室、福島県なら郡山市のご当地アイドル「せせらぎ小町」のライブとファン交流会、東京都なら北区「たこ課長」での本人オリジナルたこ焼き調理・試食体験、岐阜県なら奥飛騨温泉郷平湯温泉の布団敷き・皿洗い・大浴場清掃３大体験（初日は無料宿泊、翌日は客として有料宿泊)、広島県なら瀬戸内海の離島大崎上島《かみじま》の古民家宿泊体験(翌日は大崎海星高校の授業見学)など、いくらでも具体的に思いつきます。日本にはオリジナルのコンテンツ力は、すでにあるのです。欧米からすれば南極や北極に等しい極東の島国ですから、そもそも抜群にエキゾチック。

さらにそこでは、体験だけでなく「おもてなし」を受け、精神的なお土産にしてもらいます。

清潔さ・治安の良さが維持され、魅力的なコンテンツが豊富にあり、マイノリティに優しく精神的なお土産までもらえる。外国人観光客からすれば、これは「リピーター」になるしかないですよね。

戦前の民俗学者折口信夫《おりくちしのぶ》は、日本の神《カミ》の原型は、海のかなたにある常世国《とこよのくに》から定期的に村落を訪れる「まれびと」であり、人々は共同体の外部に理想的な世界を思い描いていた、としています。

「お客様は神様です」という日本独自の発想に加え、グローバル化が進む現代社会において、ぴったりの状況ではないでしょうか?

Q4　なぜ江戸幕府は鎖国で繁栄できたか？

次に、外国との貿易について考えてみましょう。

まず強調したいのは、**「鎖国は外交政策というより経済政策だった」**ということです。じつは江戸時代は、「鎖国」という言葉から受けるイメージほど、国を鎖《とざ》してはいなかったのです。

「鎖国」の語源は、オランダ商館のドイツ人医師・ケンペルが『日本誌』を著したさい、その一部を通訳の志筑忠雄《しづきただお》が『鎖国論』として翻訳したことにあります。オランダ商館、すなわちオランダ東インド会社（VOC）という商社の日本支店と貿易しているだけで、国交すらないわけですから、ヨーロッパ人から見れば「国を鎖している」となるのは当然です。

しかし、鎖国体制下の日本は、過去最高に外国との付き合いがよかったのです。

当時、江戸幕府は「4つの口」といわれる窓口をもっていました。

①長崎口

②対馬口
③薩摩口
④松前口

の4ヵ所です。

①長崎口は幕府の直轄地ですから、いわば表玄関。長崎奉行を通じてオランダ、中国（明のち清）のみと貿易をしていました。国交は結ばず、出島にあるオランダ商館と長崎市中の唐人屋敷で貿易するという関係です。これを「通商国」と言います。

②対馬口では、対馬藩の宗《そう》氏が、朝鮮（李朝）との交易を幕府から認められていました。対馬は朝鮮半島から最も近い島で、室町時代から朝鮮と交易してきました。この権利が石高の代わりとなり、宗氏は1万石の大名扱いを受けています。

また当時、将軍と朝鮮国王は交流があり、「（朝鮮）通信使」という使節団が対馬経由で江戸に来ていました。このように、（幕府からすれば）国交のみがある国を「通信国」と言います。

③薩摩口では、薩摩藩の島津氏が、幕府から許可を受け1609年に沖縄の琉球王国に侵攻し、王家の尚氏を従え、交易をおこなっています。幕府に対しては、慶賀使

と謝恩使という使節団が、鹿児島経由で江戸に来ます。これも表面的には「通信国」ですが、実質的には薩摩藩を通じた「支配国」でした。しかし、中国との主従関係も残し、日中両属形式にしていました。

④松前口では、蝦夷地《えぞち》（現在の北海道）松前藩の松前氏が、アイヌとの交易を幕府から許可されていました。当時の蝦夷地では米はとれませんが、この権利が石高の代わりとなり、松前氏は1万石の大名扱いを受けています。シャクシャインの戦い（1669年）など数度の揉め事を経て、18世紀には実質的に松前藩を通じた「支配地域」となりました。

このように、「鎖国」しているわりには、オランダと中国、朝鮮、琉球、蝦夷地との交流がある。これは、当時までの日本史上、外交的には最も開かれた状態だったのです。

だから、幕末に欧米列強が来航して「引きこもるな！」と言われたとき、じつは日本人は驚いたのです。「え？　そんなふうに見えるの？」と。

これが「鎖国」の実態です。

また幕府は、4つの口を通じ、貿易の独占に加え、管理をしていました。例外的に交易を認めている対馬藩、薩摩藩、松前藩を厳しく監視し、他の藩には一切認めませんでした。幕府だけが財政の1割弱を貿易によりまかなっていたのです。

ローマ帝国の「パクス・ロマーナ（ローマの平和）」をもじり〝パクス・トクガワーナ〟とも呼ばれる平和が265年間も保たれたのは、鎖国政策があったからこそ。欧米や東アジアの揉め事に巻き込まれなかっただけでなく、大名に経済力を付けさせないメリットも大きかった。

さらに、外国から文化的な影響を受けなかったことは本来マイナスですが、その分、日本独自の文化が花開きます。髪型や衣服、歌舞伎や浮世絵に見られるオリジナル性が、のちに観光のキラーコンテンツになる、というプラスにもつながっているのです。

グローバル化の進む世界の潮流の中、この「鎖国」のプラス面は参考になると思います。**開くところだけ開き、閉じるところは閉じる。**何でもかんでもオープンにする必要はありません。

Q5　なぜ薩摩藩は幕府を倒せたのか？

幕末、薩摩藩（島津氏）が中心となり倒幕に成功し、明治新政府が生まれました。もちろん長州藩（毛利氏）も重要な役割を果たしてはいますが、主役は薩摩藩。最強の藩であった彼らが薩長同盟に合意しなければ、確実に倒幕はなかったのですから。

さて、江戸から遠く離れた薩摩藩が、幕府を倒すほどの力をもったのはなぜでしょうか。これも鎖国と関係があります。

琉球王国は、幕府の将軍が代替わりするたびに「慶賀使」、琉球の国王が代替わりするたびに「謝恩使」という使節を江戸に送っていました。しかし、琉球を支配下に置き、交易をしていたのは薩摩藩でした。

薩摩藩は、琉球を領地にすることもできたのですが、しなかった。琉球が中国とつながり、本来、幕府しか入手できない中国製品が手に入るからです。だから、明治政府が日本領とするまで、あえて琉球は「日中両属」形式を続けていたのです。江戸時代後期、財政難に陥った時も、琉球を通じた中国との密貿易を利用し、立ち直りました。

1600年、島津氏は、関ヶ原の戦いで石田三成率いる西軍（総大将は大坂城にいた毛利輝元）側に付いて、徳川家康率いる東軍に負けました。

しかし、薩摩藩がすごいのは、267年後に幕府を倒し、リベンジしたことです。それも今回は毛利氏（長州藩）ではなく、自分たちが総大将。

これは幕末の薩摩藩が強大な軍事力をもっていたからこそ可能になったのですが、それを支えていたのは経済力です。その経済力を支えた要因の一つが、琉球でした。幕府にとって「四つの口」だけを認めた鎖国は有効な外交・経済政策だったわけですが、最終的には**鎖国政策が「薩摩口」を任された薩摩藩の影響力を高め、倒幕につながった**ともいえるのです。

Q6 なぜ大坂は「天下の台所」なのか？

さて、ここからは、橋下徹《はしもととおる》元知事・元市長が挫折した「都構想」で有名な大阪について考察しましょう。大阪はもともと大坂と書くのですが、明治維新以降、「土に返る」という表記を避け、大阪と変更されました。

江戸時代に「三都」と呼ばれたのは江戸と京都と大坂。他の道・県とは違い、明治維新後にこの３つだけが府（１９４３年に東京府は都に変更）という行政区分になりました。「将軍のおひざもと」江戸は政治都市・消費都市として、京都は天皇のいる首都・寺社の集まる文化都市として発展したのに対し、大坂は商業都市として発展し「天下の台所」と呼ばれました。

たしかに、大坂城を築城した豊臣秀吉が、南方にある自治都市の堺から豪商を移住させてはいましたが……。１６１５年に豊臣家も滅亡し、政治・経済の中心は徳川家の江戸に移っていますよね。なのに、なぜ繁栄したのでしょうか？

その謎を解くカギは、「海上交通」にあります。

江戸時代には「陸上交通」として五街道や脇街道が整備されましたが、ヒトは移動しやすくても、徒歩や馬で大量のモノを運ぶことはできない。モノを運ぶときには海・湖・川が利用されていました。当時、おもな海上輸送ルートとして、４代将軍家綱の頃に商人の河村瑞賢が整備した、日本海側の酒田（山形県）を起点とする「東廻り航路」と「西廻り航路」の２つが存在していました。

東廻り航路は、津軽海峡を経て太平洋沿岸を南下し、江戸に至る航路です。一方、西廻り航路は、日本海沿岸を航海し、関門海峡の下関を経て瀬戸内海から大坂に至る航路で、のちに蝦夷地（北海道）とも接続されました。

2つのうち、より大量の物資が運ばれ、寄港地が栄えたのは、西廻り行路です。両航路を示した【図】を見ればわかるように、移動する距離が長く、全国をほぼカバーしています。ニシンや昆布などの産地である北海道から、米どころの北陸地方を含め、九州北部や瀬戸内まで通行します。

ちなみに、幕末に薩摩藩とともに長州藩が倒幕の中心になれたのは、西廻り航路の要所である下関を領地としていたことも大きい。物資が集まる下関は、商人で大いに賑わい、長州藩の経済力と軍事力の基となったのです。

さて、話を戻しましょう。

蝦夷地からの北前船に代表される西廻り航路の船には、全国の大名が年貢として集めた米を中心とする徴収品（＝蔵物《くらもの》）が載せられ、大坂の中之島《なかのしま》にある「蔵屋敷」に運ばれます。蔵物を販売しカネに換えるためです。たとえば、山形県の庄内藩で収穫した米を藩内で売ろうとしても、余るほど収穫され、人口も少ないので高くは売れませんね。一方、大坂では蔵屋敷に関わる「蔵元《くらもと》」「掛屋《かけや》」と呼ばれる商人たちが、大坂・京都という大都市圏に、米を高く売りさばいてくれる。こうして各藩の年貢米はカネ（大坂ではおもに「銀」）に換えられて大名に送られます。

このシステムがあるからこそ、徴収品以外（＝納屋物《なやもの》）も含め、地元より高く売れる**大坂にモノが集まってくる。大坂の両替商（現在の「銀」行）を中心にカネも動く。**これが、「天下の台所」と呼ばれたゆえんです。

Q7　なぜ東京は日本一の都市なのか？

一方、東廻り航路が何に使われたかというと、端的にいえば、「幕府の年貢米を江戸に運ぶため」です。

東北各地から集められた幕府の米は、東廻り航路で浅草にある「御蔵《おくら》」に入ります。そして、その向かい（＝蔵前）に住む「札差《ふださし》（蔵宿《くらやど》）」と呼ばれる商人たちが、将軍の家臣である旗本・御家人に給料として支払われた米を、彼らから買い取りカネに換えてあげる。つまり、幕府は札差に米を売りさばいてもらうわけです。

だから、大名たちが大坂の「蔵元」「掛屋」から借金するのに対し、旗本・御家人は江戸の「札差」から借金するのです。

ただ、東廻り航路から入ってくる物資だけでは、100万人を超える江戸の人口を支えきれません。特に見栄っ張りの大名たちを中心に、高級品が不足してしまいます。

そうした問題を解消したのが、大坂と江戸を一方通行で結ぶ、「南海路」です。南海路には、おもに「菱垣廻船《ひがきかいせん》」と「樽《たる》廻船」が運航していました。菱垣廻船は、荷物が落ちないように菱形の垣根で囲われている大きな船ですが、速度が遅い。樽廻船は、もとは酒樽を運んでいた小型の船ですが、樽の上に他の荷物も載せるようになります。18世紀以降は、スピードのある樽廻船のほうが主流になっていきました。

このように、東廻り航路と西廻り航路の空白を埋める南海路があることで、大坂や京都から江戸へ大量にモノを運べますが、わざわざ船賃を払い、遠くに送るわけですから、高くて価値のある高級品が選ばれるようになります。

首都の京都がある関西方面を「上方《かみがた》（列車の上《のぼ》りと同じ発想→現在は東京行きが上り）」と言いますが、関東の江戸に運ばれるモノは、上方から下っていくので、「下り物」と呼びます。下り物として有名なのは、灘《なだ》（兵庫県）や伏見《ふしみ》（京都府）の清酒、京都の西陣織などです。

ちなみに、高級品「下り物」の反対の意味で、二流品「下らない物」という言葉が生まれたのは有名な話です。つまり、わざわざ送る価値のない、くだらない商品というわけです。

南海路のポイントは、「上方→江戸」の一方通行であること。江戸から大坂に帰るついでに載せることはあっても、あくまでもメインは「江戸行き」です。地方や郊外から都心に向かう運送トラックと同じで、帰りのほうが軽い。これは今も昔も当たり前。こうして、上方から伝統ある高級品が集まっていたから、江戸はまともな都市として発展を遂げることができたのです。

Q8　なぜ大阪経済は存在感を失ったか？

現在の大阪は、西日本を代表する大都市ではありますが、市場規模や存在感は、東京23区に大きく水をあけられています。人口も、横浜市に抜かれ3位ですし、大阪証券取引所（大証）は無くなり東京に合併されています。

それについて説明するには、まず江戸の話をする必要があります。

先ほど、東廻り航路で運ばれてくる物資だけでは、江戸の巨大な人口をまかなうことができないという話をしました。上方から入ってくるのは高級品（下り物）なので、当然、モノ不足は解消できません。

そうした状況から生まれたのが、「江戸地回り経済圏」です。江戸という大都市で売るための商品作物や製品をつくる農家や商人（在郷商人）が関東近郊で成長し、巨大経済圏ができあがっていきました。「地回り物」と呼ばれる商品が出回り、江戸のモノ不足を解消したのです。

地回り物として代表的なのは、武州木綿《ぶしゅうもめん》や八王子の生糸《きいと》・絹織物、青梅《おうめ》の材木などです。下り物よりランクが低いけれども、安価でそれなりに良質な作物や製品を江戸に供給する新たな経済圏が形成されていったのです。このような経済圏は、やがて江戸以外でも形成されていきます。従来は、おもに西廻り航路を通じ、全国からいったん大坂に大半の品物が運ばれ、余剰ぶんが各地に残ったり出回ったりする、というのが基本的なモノの流れでした。

ところが、各地に地回り経済圏ができると、年貢などの徴収品（＝蔵物）以外の自主流通品（＝納屋物）に関しては、地元の都市でそれなりに売れるので、大坂に向けて荷物が動かなくなってしまう。

仮に、船に荷物を積んだとしても、途中に立ち寄った港町で降ろしてしまう、ということが起きるようになりました。たとえば、西廻り航路の船が必ず通る関門海峡の下関が発展し、長州藩が売りさばくために荷物が大量に降ろされます。その結果、大坂に着いたときには荷物が半分しか残っていないという状態になってしまったのです。こうなると、以前よりモノが集まらない大坂の市場的地位は低下することになります。

さらに、南海路の変化も、大坂の地位低下に拍車をかける結果となりました。菱垣廻船と樽廻船以外に、尾州《びしゅう》廻船というグループが新規参入してきました。尾州廻船は、尾張国（愛知県）の知多半島の商人たちが始めた新しい物流ルートで、内海船《うつみぶね》を航行させています。現代にたとえれば、JR東海道線や東海道新幹線のライバルとして、高速バスが登場したようなもの。この尾州廻船は、西廻り航路の船が大坂に入る前の瀬戸内海の港町で仕入れた品を、江戸に運んだりもしていました。大坂は「中抜き」されてしまったわけです。

名実ともに「天下の台所」だった頃の大坂商人は、「江戸より上や」という意識をもち、豪快でした。「ワシらが江戸に高級品、送ったってんねん」と。

しかし、**各地に地回り物の経済圏ができ、大坂に品物が集まらなくなると、その地位は低下しました。**江戸時代後期には経済的な落ち込みが激しく、明治維新でも（大久保利通は推薦してくれたのですが）新首都になりそびれ、「大阪は2番手」と評される現在に至っているのです。

少し違う観点から付け加えると、大坂が日本の中心になれなかったのは、京都の存在があったことも大きいでしょう。反対に、江戸が日本の中心になりえたのは、近くに脅威を与える都市がなかったからともいえます。

大阪の場合、長らく日本の首都であり、格も文化水準も上で、着倒れ自慢のオシャレはん、京都が隣接しています。自他ともに認めるナンバーワンになれないのは仕方ないのかもしれません。

ただ、経済的にはまだしも、お笑い分野では天下を獲っていますから、それはすごいことだと個人的には思います。笑いに勝るものはこの世にありませんから。

Q９　なぜ名古屋経済は好調なのか？

近年では、大阪より名古屋経済が好調だといわれます。愛知県には、日本の製造業を支えるトヨタやデンソー、ブラザーのミシンまであり、三大工業地帯のひとつ「中京工業地帯」の工業生産額はダントツで日本一です。さらに、名古屋港は日本最大の貿易港ですし、中部国際空港（セントレア）もあり、２００５年には万国博覧会（愛・地球博）も開催したくらい。ケチャップのカゴメ、予備校の河合塾、中日新聞にドラゴンズ、陶磁器のノリタケにレゴランド。もはやいつでも独立できますね。

名古屋経済が好調な理由を、日本史の観点から考えてみましょう。

江戸時代の名古屋は、地理的に重要な位置にありました。東日本の江戸に政権がある幕府は、万が一、西日本の有力外様大名である薩摩藩や長州藩に攻められた場合、位置的に防御壁となる、中日本の名古屋と駿府（静岡市）を重視しました。

そこで親藩大名である尾張藩を名古屋に、家康が大御所として隠居した幕領の駿府には、町奉行を配置しました。

名古屋は、政治的な要衝であると同時に、経済都市としても発達していました。大きな城下町があり、上方と江戸をつなぐ陸路の大動脈である東海道の近くで、経済の要衝としても発展したのです。

また、尾張藩は、同じ御三家の紀伊藩と水戸藩に比べて石高が多く、家格も高かった。それゆえにプライドが高いといわれますが、こんなエピソードがあります。

紀伊藩出身の8代将軍吉宗の時代、格上の尾張藩主徳川宗春は、ライバルとして有名でした。吉宗が〝享保の改革〞の一環で質素倹約を命じた時も、宗春は「むしろ贅沢を」と規制緩和を命じ、「名古屋は江戸の経済圏には組み込まれんよ」という態度を示したそうです。

また、江戸城は明暦の大火（1657年）で天守閣が焼け落ち再建されていませんし、大坂城も天守閣を失っています。しかし、江戸時代の名古屋城は天守閣をもち金の鯱《しゃちほこ》が輝いています。「尾張名古屋は城でもつ」といわれるほど尾張藩の江戸・大坂を直轄する将軍家に対抗する精神的な支柱となっていました。

現代の名古屋人にも、当時の気質がいまだに残っており、**東京・大阪の存在に左右されない自由な精神風土**が、各産業（自動車・食品・教育・アミューズメント・風俗）で日本経済を牽引するような個性的企業を育んでいるのかもしれません。

Q10 「財閥」・「三大メガバンク」はいつ生まれたか？

明治維新により近代国家への道を歩み始めた日本は、驚異的な経済成長を遂げ、わずか50年ほどで欧米列強と肩を並べるほどの地位まで昇り詰めました。列強と比べて植民地・占領地が少ない日本が、なぜ成長を成し遂げられたのでしょうか。

もちろん複数の要因がありますが、成長の根底を支えていたのは、初等教育水準の高さです。

当時の日本人は、すでに市民革命や産業革命を終えた欧米を真似て一気に追いつく必要がありました。江戸時代、「読み・書き・そろばん」を教える寺子屋の教育は大変すぐれていて、識字率は世界一と言われていました。

そして、もうひとつの大きな要因は、政府が強力なバックアップをしたことです。

明治政府のスローガンは「富国強兵」と「殖産興業」。「国を富ませ兵を強くする」には経済力が必要で、「生産を殖《ふ》やし産業を興《おこ》す」ことが求められます。

この殖産興業政策の好例が、「富岡製糸場と絹産業遺跡群」として世界文化遺産に登録されている富岡製糸場（群馬県）です。この製糸工場（＝繭《まゆ》から生糸を生産）は、当初、官営でした。紡績工場（＝綿花から綿糸《めんし》を生産）を含め、工女（女工）といえば、細井和喜蔵《わきぞう》『女工哀史《あいし》』や山本茂実《しげみ》『あゝ野麦峠』のように「きつい労働を強いられ、かわいそう」というイメージがあるかもしれませんが、じつは官営工場では、それほどきつくありませんでした。

なぜなら、人材育成がおもな目的だったからです。明治前期には「官営模範工場」として、よそに工場ができたとき、指導者になれるような工女を育てることが求められていました。現代にたとえれば、飲食チェーンやコンビニの店長育成システムのようなもので、店長候補者やFCオーナーは、一定期間本店でトレーニングを受けなければならない、というのと似ています。

官営工場は民間事業ではないので、利潤の最大化が第一ではなく、赤字覚悟です。そのため、工女たちはそれなりの待遇を受けていました。政府がバックアップしていたのです。

このような官営工場は東京だけでも、千住製絨所《せいじゅうしょ》（＝羊毛から毛織物を生産）、深川セメント製造所、品川硝子《がらす》製造所、石川島造船所などがありました。

官営工場は、事業が軌道に乗れば民間に安い値段で払い下げられることになります。払い下げを受けるのは、「政商」と呼ばれる、政治家とつながる商人たち。

払い下げを受けると、商業専門だった政商が、製造業のメーカーにもなります。彼らは工場のほかに、官営鉱山などの払い下げも受け、株式会社を設立して異業種にどんどん進出していきます。

そうなると、一括して資金や株式を管理し、リスクヘッジする必要から、銀行や証券会社、保険会社など金融業にも力を入れます。さらに海外輸出のため商社を設立、全体を統《す》べる持株会社が子会社や孫会社を支配するように……。

「政商」はこのように発展し、明治後期から大正にかけ、異業種にわたり事業を展開する「財閥」と呼ばれるようになっていきます。とくに三井・三菱・住友・安田を「四大財閥」といい、他にも古河《ふるかわ》・浅野・川崎・大倉・渋沢などが有名です。昭和に入ると、これら旧財閥に対し、日産コンツェルン・日曹《にっそう》コンツェルンなど新興財閥も登場しました。

「財閥」の成立は、明治政府が「政商」に官営事業を安く払い下げたことが出発点です。日本の産業・経済発展の背後には、政府の強力なバックアップがあったのです。そこに、前述のように国民の高い教育水準などの要因が重なることで、明治後期に短期間で産業革命が起き、一気に近代化していきました。

こうして急激に成長したからこそ、軍事費として投入する資金が増え、日清・日露戦争の機会に軍隊も近代化を果たし、結果的に欧米列強に追いついたのです。

戦後、一族の独占支配的な15の「財閥」は、GHQの民主化政策の一環として解体され、6つの「企業集団」として生まれ変わります。

そして、これら「三井・住友」、「三菱・三和」、「芙蓉《ふよう》（安田）・第一」の6グループは、**平成に入り、日本版金融ビッグバン（＝フリー・フェア・グローバル化）に対応するため、「・」でつないだ2つずつの銀行部門がまとまり、**それぞれ三井住友、三菱UFJ、みずほという**「三大メガバンク」**に再編されています。

Q11　日本の景気はこれからどうなる？

日本の景気がこれからどうなるのか。気になるテーマだと思います。日本史の視点から見ると、景気の動向もある程度は予測することができます。

そもそも「景気」とは、景色の「景」に雰囲気の「気」と書くわけですから、「人の雰囲気で決まる」ものです。皆が「景気が悪い」と思い、そういう雰囲気を放てば財布の紐は堅くなり、不景気（不況）になります。「不景気な面《つら》」という言葉もありますね。反対に皆が「景気が良い」と思い、ゴキゲンな雰囲気を放てば財布の紐は緩くなり、好景気（好況）になっていきます。

だからこそ政府の役割は「こんな財政政策や金融政策、成長戦略を行うよ」と具体策を示すこと。

２０１３年に始まるアベノミクス（三本の矢）は、「大胆な財政政策」「機動的な金融政策」「民間投資を喚起する成長戦略」という3つの具体策を提示し、これから景気は良くなると、国民の雰囲気を盛り上げようとしたわけです。

実際、株価は上昇し、上場企業の業績も悪くない。しかも、２０１９年にはラグビーのワールドカップとG20サミット、その翌年には東京オリンピック・パラリンピックも控えている。国民の多くは、「オリンピックまでは好景気が続くはず」と思っています。景気が人の雰囲気で決まるなら、2020年までは景気はいいと予測することができます。

反対に、その年を過ぎたら不景気になる可能性が高い。なぜなら、「大イベントが終わってしまったからもうダメかも」と国民の雰囲気が沈むからです。

景気はある程度は予測でき、操ることができる部分もあります。このことは、日本の歴史からも説明することができます。

明治時代、1904〜05年の日露戦争まで時間を巻き戻しましょう。

日露戦争の勝利後、日本は不景気に見舞われました。その理由はシンプルで、国家予算が約2億5000万円の時代に、国民と外国（アメリカ・イギリス・ドイツ）に大量の国債を買ってもらい、増税もして、計17億円もの戦争予算を組んだからです。国債は借金ですから利子を付けて返さねばなりません。しかも、講和のポーツマス条約では賠償金を一切取れませんでした。結果、「これはダメだ」という雰囲気が国中に広がり、不景気に突入することになりました。特に１９０７年は急速な景気後退（恐慌＝パニック）が起き、「日露戦後恐慌」と呼ばれています。

しかし、大正時代の１９１５年から日本は一気に好景気となります。

理由は、１９１４〜１８年に、遠く離れた場所で大戦争が起きたから。そう、第一次世界大戦です。開戦の翌年から始まった好景気を「大戦景気」と言います。

戦火を交えるヨーロッパでは、モノの生産がストップするわけですから、衣類や薬品などを中心に、日本からの輸出が絶好調に。

さらに、ヨーロッパ諸国はアジアなど海外マーケットで商売する余裕もなくなります。特に中国市場はガラ空き状態になったので、日本の綿織物などコットン製品がどんどん売れる。結果、日本は好景気に沸《わ》くことになりました。

アメリカも日本と同じく、ヨーロッパの戦争はまさに対岸の火事ですから、好景気で盛り上がります。そして、好景気同士の日本とアメリカでも貿易が活発になり、日本からは生糸などシルク製品がどんどん売られ、アメリカからは機械類などが入ってきました。

まとめると、「ヨーロッパ、アジア、アメリカの３ヵ所へ大量にモノが売れた」のが大戦景気だったのです。

ただし、今後どうなるのか、多くの国民は予想がついていたはずです。「戦争が終われば好景気は終わるだろう」と。

大戦は1918年にドイツやオーストリアの敗戦で終わりましたが、実際、1920年には「戦後恐慌」と呼ばれる株価の大暴落が発生します。これにより日本経済は落ち込むわけですが、多くの人は心づもりができていたので、大して驚きませんでした。戦後恐慌で没落したのは、一発屋の成金と、そもそも体力不足の中小企業くらいでした。

現代の私たちも、このような「大戦景気（＝大正バブル）」と「戦後恐慌」から学べば、景気に踊らされずに済みます。

1987～91年の「バブル景気」の時も、トヨタなどクレバーな大企業は、株や土地、絵画やリゾート開発などに手を出さず、その後の不景気を乗り切りました。

今回も「オリンピックが終わったら建設ラッシュも終わる。前年の消費税増税もあって不景気になるだろうから、ソフトランディング（軟着陸）できるよう準備しておこう」と心づもりができます。

近年、仮想通貨バブルで大損をした人もいますが、それは「バブル（泡＝資産の値上がり益による気分だけの好景気）」に慣れていないだけであって、歴史を知っている人は躍らされず、タイミングよく利益確定や損切りをすることができたはずです。

２０２０年を過ぎたら不景気になる。それは、予測の難しいことではありません。だからこそ、私たちは今から備えることができる。それが歴史から学ぶということなのです。

Q12 なぜ戦前の日本は「出口のないトンネル」に突入したか？

先ほど「景気はある程度予測できる」という話をしましたが、予測が難しい時もあります。近年では２００８年のリーマンショック（世界金融危機）がその典型ですが、突然の不景気（不況）に襲われることもあります。

「大戦景気」のあと、**「戦後恐慌」**による景気後退を余儀なくされた日本政府は、大きなミスを犯します。**「潰れるべき企業をかばい、潰さなかった」**ことです。

景気は必ず波になっていて、良い時が来たら悪い時が来ます。不景気時に「淘汰《とうた》されるべきは淘汰される」ことによって優良企業が成長し、次の好景気を起こしていくものです。ところが、当時の政府と財閥はズブズブの癒着関係。体力のない企業がマーケットに残り、構造的に不況が長引く結果になってしまいました。

この失敗は日本のターニングポイントの一つになったと、私は考えています。

そんな不況の最中に予測不能の事態が発生しました。1923年9月1日の**関東大震災**です。10万人以上の死者・行方不明者を出した直下型大地震によって、東京、横浜を中心に大きな被害を受けました。これにより、景気が悪い（スタグネーション）のに物価が上がる（インフレーション）という「スタグフレーション」状態に陥ってしまいました。自然災害で大いに困っているのに、モノ不足で物価が上がり、不況はさらに深刻化していったのです。

不況が長引き慢性化してしまえば、金融機関で不良債権（＝回収できないカネ）が大量に発生します。**「震災恐慌」**が起きたことにより、銀行や取引先にお金を支払い、決済できない人が急増したのです。そこで政府は、救済措置として日本銀行からの補助金と「震災手形」を認め、支払い期限を延期できるようにしました。

しかし、震災手形のほとんどは、結局は不良債権。金融機関は窮地に陥ります。

１９２７年の国会では、決済不能に陥っている震災手形の処理に政府・日銀が資金を投入するかどうかが審議されたのですが、結局、決まらずにダラダラ。「預金している銀行が破たんするのでは」。そんな不安が国民に一気に広がりました。この結果起きたのが、１９２７年の**「金融恐慌」**です。これは、当時の与党である憲政会の政府が手を打てないならば、ある程度予測できたことでした。

金融恐慌が起きると、代わって政権の座についた立憲政友会が、応急措置として日銀に大量の紙幣を増刷させます。ところが、モノの量が変わらないのにカネの量が一気に増えたため、紙幣の価値が下がり物の価格（＝物価）が上昇します。景気はより悪くなり、物価はより上がる。スタグフレーション状態がひどくなり、不景気の度合いはさらに深刻度を増しました。

そんなとき、またまた予測不測の事態が日本を襲います。

１９２９年、**アメリカのウォール街から世界恐慌が発生**し、社会主義のソ連を除く資本主義世界を飲み込んだのです。結果、日本は１９３０〜３１年にかけて**「昭和恐慌」**という史上最悪の大恐慌を経験することになります。もはや日本経済は、光の世界から闇の世界へ。「出口のないトンネル」に突入してしまいました。

Q13 日本が戦争に突き進んだ本当の理由とは？

１９３１～３３年の満州事変を皮切りに、日本は〝十五年戦争〟へと突き進んでいきましたが、その背景にあったのは、昭和恐慌でした。

世界恐慌の発端となったアメリカは、１９２９年当時、共和党のフーバーが大統領になったばかりで、彼は４年間、有効な政策を実行できませんでした。１９３３年に大統領になった民主党のフランクリン・ルーズベルトが、ニューディール政策（新規まき直し）という景気対策で数年がかりの立て直しを行い、アメリカ経済は復活していきます。

イギリスとフランスは、世界中に広がる植民地や占領地を優先した、排他的な保護貿易により立ち直っていきます。これを「ブロック経済政策」と言います。

困ったのは、日本・ドイツ・イタリアの三国。

たとえば日本は植民地が少なく（台湾・澎湖《ほうこ》諸島・朝鮮半島・南樺太のみ）、ドイツに至っては第一次世界大戦に敗れ植民地ゼロです。アメリカやイギリス、フランスが復興していくなか、自分たちはこのままでは不景気から抜け出せない……。**「状況**

を打破するには、戦争で植民地・占領地を増やし、新たなブロック経済圏をつくるしかない」。こういう発想になっていきました。

そういう意味では、第二次世界大戦はブロック経済圏のつくり合いの結果といえます。戦後にＩＭＦ（国際通貨基金）、ＩＢＲＤ（国際復興開発銀行）、ＧＡＴＴ（関税及び貿易に関する一般協定）という、自由貿易を維持・拡大するための国際機関や協定ができたのは、〝第三次世界大戦〟の要因になるかもしれないブロック経済圏をつくらせないためでした。

Ｑ14　景気が良くなるために何が必要か？

歴史からわかることは、景気が飛躍的に良くなる大きな要因のひとつは、他国の戦争、〝対岸の火事〟だということです。

第一次世界大戦の「大戦景気」もそうでしたが、第二次世界大戦の敗戦で壊滅状態になった日本経済が立ち直るきっかけとなったのも、他国の戦争です。

１９４５年の終戦後、当然、日本はひどいスタグフレーション（＝不景気下の物価高）に陥っていました。とにかくモノがなく、物価が高騰する大インフレ状態でした。

そこにアメリカから、〝鬼コーチ〟ドッジ（デトロイト銀行頭取・GHQの最高財政顧問）が、日本経済を立て直すために来日します。

彼が記者会見で放った言葉が、「竹馬経済」です。アメリカの援助金と日本政府の補助金という2本に乗りかろうじて立っている経済状態。「これ以上、竹馬の足を高くすると転んで大ケガしてしまうので、自分の足で立て」というわけです。

この後、「ドッジ・ライン」と呼ばれる政策で、1円の赤字も許さない均衡予算を組み、財政・金融の引き締めを図ったのです。当時の日本は、1カ月の小遣い5000円の高校生が毎月5万円使っているような状態でしたが、「明日から50円でやれ」と強制的に決められたようなものです。これがドッジ・デフレ（安定恐慌）を引き起こします。

これはまさに、食べすぎで肥満の人を柱に縛りつけクッキー一枚しか与えないような強制策ですから、痩せはしてもフラフラになってしまいます。

そんな失神寸前の日本に劇薬がもたらされます。1950年に起きた〝対岸の火事〟朝鮮戦争です。すぐ近くの朝鮮半島に出兵するのは、日本のアメリカ軍ですから、彼らが使う衣類や軍事品の修理などの特別需要が増え、日本は大きな恩恵を受けました。これを**「特需景気」**と言いますが、糸へんと金へんのモノが売れたので「糸へん・金へん景気」とも言います。

まるで３００円の栄養ドリンクを飲ませた上で、食べ放題に連れていったような状態。幽鬼のようにフラフラしていた日本は、朝鮮戦争によって一気に経済復興し、翌年には戦前の鉱工業生産額を追い抜いてしまいました。

復興にともない、国内の設備投資が拡大することによって起きたのが、１９５５年からの**「神武《じんむ》景気」**と１９５７年からの**「岩戸景気」**です。さらに東京オリンピックの開催が決まると、１９６２年ごろから「オリンピック景気」という建設需要も発生しました。

しかし、日本が抱えていた問題は、これらが内需主導の好景気だったことです。

国内需要が盛んになると、どんどん設備投資をして、外国から機械や材料を買う。すると、日本の外貨保有高が減ってしまい、景気を後退させることになる。これを「国際収支の天井」と言いました。

しかし、これを突き抜ける出来事が起きます。１９６５年に本格化した〝対岸の火事〟**ベトナム戦争**です。

これが朝鮮戦争と同じように、日本経済を活気づかせる劇薬となったのです。この特別需要による好景気を**「いざなぎ景気」**と言います。国外に輸出して外貨を獲得してくる流れができ、国際収支の天井を越えたのです。

このように、好景気が連続した日本は、1955〜73年に年10％以上の成長を続ける「高度経済成長」を達成したのです。

歴史から言えることは、日本に直接関係のない戦争、〝対岸の火事〟が起きることが爆発的な好景気につながってきたということ。

もし現代の朝鮮半島でまた戦争が起きれば、日本はまた特需景気になるかもしれません。しかしその前に、核保有国の北朝鮮が、技術的にどこに着弾するかわからないようなミサイルをばんばん打ち、日本国内でも雰囲気的に娯楽産業などは壊滅するでしょうから、そんなことは考えないほうがよいと思います。そもそも悲しむ人が増える戦争は駄目。平和が一番です。

Q15 消費税率アップは本当に必要なのか？

2019年10月、消費税率が10％に引き上げられる予定です。さて、いま本当に消費税率をアップする必要があるのでしょうか。これも歴史を切り口に考えてみましょう。

現在の日本の税制の土台を整えた人物をご存じですか？〝鬼コーチ〟ドッジと同じ1949年にGHQが招いた、コロンビア大学教授のシャウプです。彼は、「世界で最も優れた税制を日本に構築する」という理想に燃え、税制改革に取り組みました。

シャウプが導入した税制の特徴は、アメリカと同じような直接税中心主義でした。直接税7：間接税3の比率とし、直接国税の所得税や法人税を税収の柱に据えたのです。

この税制改革はサラリーマンや一般公務員の所得捕捉《ほそく》率が高い日本にハマりました。つまり、税務署が所得額を把握しやすく、源泉徴収により節税できない人たちから確実に税金を徴収する仕組みにしたのです（自営業者や農家、政治家などの所得捕捉率は低く、節税しやすい）。

このシャウプ税制は、急ピッチの経済復興に一役買いましたが、7：3という直間比率は一般的な基準からいえば偏っていますね。

直接税は、基本的に収入の多い人がより多く払うという累進《るいしん》課税制度を採用しており、ある意味公平とはいえません。まあ、見方を変えれば公平とも言えますが（＝「垂直的平等」）。ただ、税金を多く払っている人が選挙権を2票もつこともできないわけですから、不平等と感じている人も多い。

その点、消費税は買い物した人が同じパーセンテージの税金を納め、絶対に節税や脱税ができませんから「水平的平等」といえます。したがって、間接税である消費税は、直間比率を5：5に近づけ、なるべく公平・平等な税制に戻そう、という意味ももっているのです（よく言えば、ですが……）。

もちろん、所得が低い人の生活負担が増えるため、逆に不公平・不平等が起きるという逆進性を指摘する声もあります。

ただ現実的にも、先進国で消費税・付加価値税がない国はありえません。**「取りっぱぐれ」のない部分の税率を上げなければ、世界一の速さで少子高齢化が進む日本の社会保障制度は、崩壊することが目に見えています。**

だからこそ、消費税を他の先進国レベルの20％程度に引き上げることは、（事情を考えなければ）早晩必要なことだと思います。国民一人当たり８００万円以上の借金を抱えているわけですし、増税を覚悟しなければならない国のはずです。

日本社会は、１９５５～７３年の高度成長期には、「超低負担・低福祉」くらいの国でした。しかし、その後の低成長期、ましてや失われた20年を経た現在は財政が非常に厳しく、少子高齢化もより進んでいるわけですから、せめて「中負担・中福祉」くらいにしなければならない。

本来は、私たちが選挙で選んだ政治家が、全体を生かすための優先順位を考えたうえで覚悟を決めなければなりません。北欧のように「高負担高福祉」を目指すのか、アメリカのように「低負担低福祉」なのか、それともそれ以外の道なのか。

以前、私の公式ＨＰに「国民が政治家を甘やかしていることについてどう思いますか」という質問があり驚きました。私は「政治家が国民を甘やかしている」と思っていたからです。

「借金まみれの国なので、消費税は思い切って20％にしないといけない」「その代わり社会保障を充実させ、全員を飢え死にさせません」と正直に言う政治家が出てくるべきなのですが、それを言うとおそらく選挙で落とされてしまう。一筋縄ではいかない問題です。

Q16　リーマンショックでダメージを受けたのは誰か？

消費税の話でもそうですが、政治と経済は密接にリンクしています。前述したように「消費税を大幅に上げねば」と主張する政治家は、経済的なデメリットを受ける現世代の国民から猛反発を受け、職を失ってしまう可能性があります。

2008年、アメリカ発のリーマンショック（世界金融危機）でも最も大きなダメージを受けたのは政治家でした。当時、与党だった自民党の麻生太郎政権は、2009年の総選挙で歴史的敗北を喫し、民主党の鳩山由紀夫政権が誕生しました。

歴史に学べば、**経済的な問題が発生した際に最大のダメージを受けるのは、常に時の政権**なのです。

たとえば、史上最悪の「昭和恐慌」（1930〜31年）の結末は、1932年の五・一五事件です。海軍の青年将校や陸軍の士官学校生、右翼団体の構成員たちが首相官邸に乱入し、犬養毅《いぬかいつよし》首相を殺害しました。第一回の総選挙から連続当選を続け、尾崎行雄とともに〝憲政の神様〟とまで呼ばれた彼は、いわゆる「古い」政治家でした。襲撃犯たちに「話せばわかる」と説得を試みますが、これは〝大正デモクラシー〟の論理です。しかし、昭和の時代を生きる「新しい」若者たちに「問答無用」と〝昭和ファシズム〟の論理で射殺されてしまいます。このような事件が起きたのも、昭和恐慌により経済状態が悪化して満州事変が始まり、世の中が激変していたからです。

1936年の二・二六事件も同じ。それまでは高橋是清蔵相が展開する積極財政（インフレ財政）でどんどん軍事費を使っていたのに、あまりのインフレを警戒して高橋がいったん緊縮を図り、陸軍の予算も縮小しました。直後、彼は殺害されてしまいます。「毎年お年玉を1万円くれていた祖父が半分に減らしたから殺した」。極端に言えばそんなイメージです。

どの時代、どの国でも同じですが、人は、経済的なデメリットを強いられることになれば、その原因である政治家・官僚を排除しようとする。一方で、経済的な不満がないかぎり、人は一切動きません。

そして、人が経済的な不満を抱えて行動を起こすとき、その動きは散発的です。江戸時代の百姓一揆もそうですが、キレた順に勝手に蜂起するだけで、大して連帯感はありません。日本の歴史上、大いに連帯感があったのは、明治時代に議会開設を訴えた「自由民権運動」でしょうか。初めての組織的な国民運動といえます。

この自由民権運動も経済と切り離せません。

スタートしたばかりの明治政府は、戊辰戦争や西南戦争などの戦費調達のさい、紙幣を大量に刷ったため、インフレーション（物価高）に拍車がかかりました。ところが、政府にとって困ったことが起きます。当時は「地租」という固定資産税が、定額金納の直接国税でした。インフレになり紙幣の価値が下がっても、税は一定金額ですから、政府は損をする。一方で、納税者である地主や商工業者は税が割安になります。したがって、インフレが続いた1870年代は、カネが余っている地主や商工業者が運動を支えていました。

ところが、1880年代前半に大蔵卿松方正義《まつかたまさよし》が緊縮財政を実施します。これを「松方デフレ財政」と言います。世の中がデフレになると地主や商工業者の取り分が相対的に減り、政府の税収は増える。

すると、余裕がなくなった地主や商工業者は運動に資金を出せなくなる。それによって一気に自由民権運動は下火になってしまったのです。

オイルショックによる高度経済成長終了時の田中角栄首相失脚（1973年）や、バブル崩壊後の55年体制の崩壊（1993年）などについては触れませんが、以上のように、政治と経済は密接にリンクしているのです。

Q17 アベノミクスはこれから期待できるか？

２０１３年以来続いている安倍政権は、「アベノミクスの効果によってトリクルダウンが期待できる」と主張してきました。つまり、「富裕層や大企業を豊かにすると、富が国民全体にしたたり落ち（トリクルダウン）、経済が成長する」という仮説です。

しかし残念なことに、**日本の歴史上、トリクルダウンが起きたことは一度もありません。**

第一次世界大戦中の大戦景気（１９１５～１９年）ですらトリクルダウンは起きていません。その証拠に、１９１８年には米騒動が起きています。米価急騰に伴う大暴動で、富山県の主婦たちの抗議が新聞報道されたことをきっかけに全国に広がりました。トリクルダウンが起きていれば米騒動など起きるわけがありません。一部だけが儲かり、庶民の生活は苦しかったからこそ、発生したのです。

ちなみに、参加人数でいえば、70万人が参加した米騒動は日本の歴史上2番目に大きなイベントです。ちなみに、最大は60年安保闘争の５８０万人、３番目は55万人以上が一斉に受ける大学入試センター試験です（たぶん）。

話を戻します。トリクルダウンは一度も起きていないと言うと、「高度経済成長期はどうなのか？」という疑問を持つ人がいるかもしれません。

しかし当時は富裕層からしたたり落ちるまでもなく、全員が一様に上向きでした。一億の国民が総じて「中流」と錯覚していたほどですから。

戦後の焼け野原からスタートし、朝鮮戦争やベトナム戦争といった特別需要もあり、東京・札幌オリンピックや大阪万博まで開催できるようになった。まるで盆・暮れ・正月が一緒に来たような時期です。日本史という長い観点からみれば、奇跡の時代といえます。

また、１９８７〜９１年のバブル経済。株式や不動産をもたない一般市民は、何か良いことがあったでしょうか？　そもそも通常３〜４％の経済成長率は、あの時期、じつは５％程度だったのです。少なくとも、当時京都の高校生だった私は、特に何も感じませんでした。強いて言えば、今の雰囲気に似ていました。「東京の金持ちが儲かってるらしいやん」くらいに思っていましたし、大学入学のため１９９１年に上京したまさにその４月、バブルは弾けました……。

以上のように、**今のアベノミクス程度の政策では、史上初のトリクルダウンなど期待できません。**

たとえば、労働基準法を改正し週休１日に戻して、トランプ大統領がアメリカファーストをやめ日本を支援してくれて、近場で日本と全く無関係の戦争が起きる、といった不可能・不謹慎な条件が三冠王で揃えば別ですが、国内の経済政策だけでは心もとないと言わざるを得ません。

だからこそ、焦る安倍政権が２０１５年に出してきた「新アベノミクス（新三本の矢）」には笑ってしまいました。なぜって、「希望を生み出す強い経済」「夢を紡ぐ子育て支援」「安心につながる社会保障」は、もはや政策の「矢」ですらなく、目標そのものの「的《まと》」だったのですから。

第2章 日本の政治と天皇制

Q18 「開かれた皇室」は本当に開かれているか？

来たる2019年4月、天皇の生前退位が行われ、平成の時代が幕を下ろします。高齢と健康上の理由で天皇としての公務を果たすことが難しくなったためですが、天皇の退位は119代光格天皇以来、じつに202年ぶり。私たちは歴史の転換点に立っているのです。しかし、どれだけの人が現代の天皇制の問題点をしっかりと理解しているでしょうか。本章では、日本人として知っておかなければならない「天皇制」と「政治史」について、歴史を紐解きながら迫ってみましょう。

そもそも皇室が現在のように「開かれた」存在になってきたのは、ごく最近のこと。それまでの皇室は閉鎖的な存在でした。

たとえば、幕末の孝明天皇は徹底的な攘夷《じょうい》思想（＝外敵を排斥《はいせき》する思想）の持ち主でした。「なんと視野の狭い……」と思われるかもしれませんが、江戸時代の天皇は、基本的に京都を出たことがなく、幕府の監視下で情報も限られていますから、閉鎖的、排他的になるのは仕方のないことです。

現在では「開かれた皇室」と言われ、皇族が海外留学をするのも当たり前になっていますが、歴史的に見れば、最近の話です。

昭和天皇の皇太子時のエピソードに、こんな話があります。大正時代半ば、政党内閣を率いていた原敬《はらたかし》首相は、戊辰戦争では負け組の南部藩（岩手県）出身でした。そこからのし上がり、海外経験豊富で特にフランス語がペラペラ。当時、開明的で優れた政治家として知られていました。

彼は、皇太子にヨーロッパへの視察旅行を勧めました。次期天皇に海外へも目を向けさせ、見識を広めてもらうことが大切だと考えたからですが、周囲から大反対にあいます。前例などありませんし、勧めること自体が無礼な話。しかし、それでも原敬は押し切り、視察を実現させました。受けた皇太子も大したものですね。

このように、皇太子が視察に行くというだけで一大事件になったくらいですから、本来、皇室とは閉鎖的な存在だったのです。

今では皇太子が一般の民間人と結婚したり（美智子さまも雅子さまも皇族や華族出身ではありません）、皇族が海外留学をしたりするのは当たり前です。

それに、秋篠宮家の眞子《まこ》さま、佳子《かこ》さまのお2人は、ＩＣＵ（国際基督教大学）に進学しています。よく考えれば、伊勢内宮《ないくう》に祀《まつ》られる天照大神《アマテラスオオミカミ》の子孫、神道のトップ的存在である皇族が、キリスト教の大学に進学しているわけですから、「時代が激変した」ともいえます。

しかし、潜在的にはこのような「開かれた皇室」に違和感を覚える人も存在しています。もちろん、どちらが良い悪いというわけではありませんが、皇室が閉鎖性の代表であり続けてきた歴史は、知っておく必要があるでしょう。

Q19 日本は本当に唯一の単一王朝国家なのか?

諸説ありますが、日本は世界唯一の単一王朝国家だと言われることもあります。つまり日本は、2018年現在、今上帝《きんじょうてい》(在位中の天皇はこう呼ぶ)まで125代続く万世一系の天皇によって二千七百年にわたり政権が存在してきた、というわけです。

たしかにヤマト政権(のち律令国家の「朝廷」)は、一度も王朝交代をしていない。世界にこのような体制は存在せず、ローマ帝国でさえ1000年強の歴史です。

ただ、大王(のち天皇)が125代連続で確実につながっているかどうかは不明です。少なくとも初代の神武《じんむ》天皇から25代目の武烈天皇までは、存在がはっきりとはわかりません。ある程度正確に把握できているのは、26代目の継体天皇からです。なにせ最初の頃は、『古事記』や『日本書紀』の神話世界ですから。

もうひとつ言える特徴は、日本の皇室は、父方の血を引く男系天皇が続いてきたということです。こう書くと、疑問をもたれるかもしれません。たしかに推古天皇や持統天皇など8名、10代の天皇は女性（＝うち2名は2度即位）ですが、母方の血を引く女系ではなく男系でした。

改めて書くと、男系天皇は、父系のほうの血でつながっている。つまり、父方が皇族。それに対し母方が皇族で、父方が皇族以外というのが女系天皇で、日本史上、一人も存在しません。

世界に目を向ければ、イギリスのエリザベス2世は男系の女王です。夫であるフィリップ殿下との子・チャールズ皇太子が即位すれば、女系の男王ということになります。「天皇は男系男子でなければならない」というルールは、現在、皇室典範《こうしつてんぱん》という法律で定められています。戦前の大日本帝国憲法の時代は、皇室典範は法律でなく憲法と並ぶ存在でしたので変更はできませんでした。しかし、敗戦後にいったん廃止され、今は法律として存在するので、国会を通じて変更することができます。

2000年代前半の小泉純一郎内閣の時、せめて男系の女性天皇が認められるよう皇室典範を改正したらどうか、という議論が起きました。当時は皇太子さま、秋篠宮さまともに男児がいなかったからです。

たとえば、男系の女性天皇が認められたと仮定しましょう。即位する愛子さまが皇族と結婚し、子が産まれれば、男女問わず男系が続くことになります。しかし、一般人と結婚すれば、その子は天皇になれません。したがって、愛子さまは、結婚相手を自由に決められなくなってしまいます。これはこのご時世に、現実的ではありません。

女性天皇の議論には、2つの段階があります。

1つめは、前述のように現在の男系男子限定から、「男系は維持するが女性天皇は可」とすること。

2つめは、「女系天皇を認める」こと。そうすれば愛子さまが即位し一般人と結婚しても、子は男女問わず皇太子となります。

しかし、こうした議論が盛んだったのは、秋篠宮家に悠仁《ひさひと》さまが産まれるまでの話です。悠仁さまがいらっしゃれば、男系天皇が続きますからね。

これをきっかけに、皇位継承に関する議論はうやむやになり現在に至っているのですが、将来的な皇族の減少（＝女性皇族は一般人に嫁ぐと皇籍を離れる）によって、子ができなければ一人きりの皇族になってしまう可能性の高い悠仁さまの立場は、いつか再び議論の俎上にのぼるテーマです（そもそも独身だったらどうするんでしょう？）。

また、最近では公務を行う皇族の不足を補うため、女性宮家の創設などの議論も出てきています。どのみち、結婚や出産がからむ問題は、個々人のデリケートな話題ですから、この本でも結論は出さずにおきます。

Q20 なぜ単一王朝が続いたか？

前項で説明したように、「記紀（古事記・日本書紀）」神話さえ信用すれば、たしかに日本は男系でつながってきた世界唯一の単一王朝国家と言えます。

日本は、他国に乗っ取られたこともありません。太平洋戦争後、GHQ（連合国軍総司令部）すなわちアメリカ軍に一時的に占領されたとはいえ、天皇の存在自体は、途絶えることがありませんでした。

なぜ、単一王朝の継続が可能だったのでしょうか。じつは、**歴代天皇の処世術**にその答えがあります。

天皇号の始まりは、飛鳥時代（＝古墳時代終末期）です。672年の壬申の乱に勝利した大海人皇子《おおあまのみこ》が、従来の「大王」にかわり天武《てんむ》「天皇」と称し即位しました。ヤマト政権内の「王」である各豪族のリーダー的存在、トランプでいうJQK（絵札）より上のA（エース）的存在だった大王に対し、天皇はオールマイティのjoker（ジョーカー）。別格です。

当時の天武天皇や、妻の持統天皇は強大な権力者で、皇子（親王）たちが補佐をし、自ら政治を執り行っていました（＝皇親政治）。

奈良時代になると、天皇の下で「藤原不比等→長屋王→藤原四子→橘諸兄《たちばなのもろえ》→藤原仲麻呂（恵美押勝《えみのおしかつ》）→道鏡→藤原百川《ももかわ》」と、政権が目まぐるしく入れ替わり、最終的には藤原氏が最有力となります。しかし、あくまでもトップは天皇で、地位や権威は安泰でした。

平安時代に少し様子が変わります。858年、清和天皇が9歳で即位すると、母方の祖父である藤原良房が、幼少の天皇の政務を代行する「摂政」に就任しました。そして、良房の養子基経《もとつね》は、884年、光孝天皇が55歳で就任すると、成人後の天皇を補佐する「関白」に初めて就任。これが**「摂関政治」**の始まりです。

天皇が処世術として長《た》けていたのは、摂関政治が始まると、母方の親戚（＝外戚）である藤原氏に、政務を任せた点です。形式的に権威を保った状態のままですから、悪い話ではありません。

一方、藤原氏も天皇を排除して名実ともにトップに立とうとは考えませんでした。圧倒的な権威（金メダル）をもつ天皇の外戚として、政務を代行・補佐しているからこそ摂政や関白に価値があり、転じて自らの権威付け（銀メダル）もできます。天皇の価値をあえて下げ、貴族の分際で暫定トップに立つことには、メリットがなかったのです。このようなスタンスで、11世紀前半の平安時代後期には、藤原道長・頼通親子により摂関政治は全盛期を迎えます。

このように、**変化する政治状況を巧みに利用しながら、古代の天皇は自らの地位や権威をキープし続けた**のです。

Q21 「摂関政治」と「院政」の違いとは？

さて、平安時代末期、中世に突入すると、もと天皇により**「院政」**が始まります。

外戚（＝母方の父や伯父・叔父）として藤原氏の摂政・関白もいるのですが、父や祖父が皇位を退いたあとも新天皇の後ろ盾となり、政務をみることが常態化しました。

国民的アニメ『サザエさん』を例に、摂関政治と院政を説明してみましょう。

フグ田家のタラちゃんが天皇の場合、同居する磯野家の波平やカツオ（＝母方の祖父や叔父）が摂政や関白を務めるのが摂関政治。磯野家が外戚の藤原氏にあたるわけです。一方の院政は、フグ田家すなわち皇室内の話です。もと天皇のマスオさんが新天皇のタラちゃんを擁し上皇として院政を敷くというイメージです。

院政は、新天皇に圧倒的な権威（金メダル）を引き継ぐさい、もと天皇がメダルを首にかけてあげ、そのまま抱っこしている感じ。藤原氏から反発を買うことはありませんでした。なぜなら、摂政・関白という地位（銀メダル）を取り上げなかったからです。貴族ナンバーワンという立場は保障されています。

1086年、白河天皇が8歳の子（堀河天皇）に皇位を譲り、上皇（太上《だいじょう》天皇のち出家して法皇）となったのが院政の初めです。この後、鳥羽上皇や後白河上皇、後鳥羽上皇などが院政を続けます。

Q22 なぜ武家政権は天皇を倒さなかったか？

中世に院政が行われている間（後醍醐天皇の親政など例外はありますが）、鎌倉幕府や室町幕府といった武家政権が誕生します。幕府は朝廷より軍事的には強大なパワーをもち、実質的に全国を支配していたわけですが、天皇や上皇にとって代わろう、排除しようとはしませんでした。

源頼朝にしても足利尊氏にしても、朝廷から賜った「征夷大将軍」という地位（銅メダル）で満足していました。なぜなら、権威（金メダルや銀メダル）をもつ朝廷から将軍に任命されることに価値があったからです。**新興勢力である武家は自らを裏付ける伝統的な権威がなく、軍事力だけで政権は長続きしないことを知っていた**のです。

このように朝廷の天皇（上皇）は、軍事力や経済力で上回る幕府の将軍に対し、ある程度の権威を承認するという方法で、自らの地位や権威を維持するようになったのです。クレバーな処世術といえるでしょう。

戦乱期を経た近世の江戸時代も、基本的なスタンスは同じです。第一章で触れたように、江戸幕府は圧倒的に強い存在でしたが、天皇は、政権を将軍に委任する伝統的権威の象徴として生き残りました。幕末の大政奉還も、「幕府の将軍が朝廷の天皇から預かった政権をお返しする」という構図ですね。

武家政権に対する天皇のスタンスは、現代にたとえれば大相撲の親方やサッカーの監督みたいなものです。いま実際にやれば、もちろん現役のほうが凄いけれど、親方や監督は権威があるから偉い。

朝廷の天皇は、その時点で最も強い勢力をもつ人物を積極的に承認することで権威を保ち続け、生き延びてきました。これは相対する勢力が直接戦って、やがて滅びていく運命をたどったヨーロッパの王朝とは、大きく異なる点なのです。

Q23 天皇が時の政権に反抗したことはあるのか?

公家政権である朝廷の天皇は、中世以降、武家政権である幕府を積極的に承認することで生き延びてきました。ただし、人間同士ですから揉めることもありました。

鎌倉時代前期、1221年の**「承久の乱」**では、院政を敷く後鳥羽上皇が鎌倉幕府の2代執権(=将軍の補佐)、北条義時に対し討伐の兵を挙げて敗れ、隠岐《おき》(島根県)に流されました。これが初の朝廷・幕府間で起きた武力による争いでした。

鎌倉時代から室町時代への過渡期にあたる1333〜36年には、後醍醐《ごだいご》天皇が武家勢力（幕府）を排除し、さらに院や摂政・関白も廃止して**「建武の新政」**と呼ばれる親政を行ったのですが、3年たらずで失脚し、吉野（奈良県）に移りました。

江戸時代前期の**「紫衣《しえ》事件」**も、天皇が武家政権に抵抗した一例です。これは、幕府の高圧的な態度に腹を立てた後水尾《ごみずのお》天皇が、独断で退位してしまった事件です。

当時、天皇に認められた権利の一つとして、優秀な禅僧に対し紫の衣を与える、というものがありました。現代にたとえれば、飲食店のオーナーが昇格した従業員に黒服を、空手の館長が段位を取った弟子に黒帯を贈るようなもの。黒服や黒帯をプレゼントすることが、権威づけになっていますね。

紫衣を贈られた僧は天皇に対して畏《かしこ》まります。天皇も畏まられれば嬉しいですから、多数の僧に紫衣を贈っていました。すると、幕府から横やりが入り、すでに贈った紫衣まで撤回するよう強制しました。恥をかかされた後水尾天皇は憤慨し、幕府に相談もなく退位してしまったのです。

この事件は、反乱のように深刻なものではなく、大人げない抵抗なのですが、この数年後、3代将軍・徳川家光が30万の大軍を率い京都の二条城に入りました。「大人しくしていれば権威（金メダルや銀メダル）は守り、表面上は立ててやる。調子に乗るな」という、皇族・貴族への脅しです。その後、14代将軍家茂《いえもち》まで将軍は上洛していません。要は、わざわざ軍を送らなくても、朝廷は幕府に震えあがる状態になっていたからです。

余談ですが、3代将軍家光が京都に進軍したとき、世話係の1人だった八百屋の娘を見初め、江戸に連れて帰り側室としました。その娘が生んだ子は5代将軍綱吉となります。のち出家して桂昌院《けいしょういん》と呼ばれた彼女の名が「お玉」だったことから「玉の輿」という言葉ができたのです。

もう一つ、江戸時代後期の**「尊号一件」**は、11代将軍家斉《いえなり》の在任中、老中松平定信が展開する〝寛政の改革〟期に起きた事件です。主役は光格天皇。2019年4月30日、今上帝の生前退位が予定されていますが、直近で生前退位した天皇として有名です。

諸事情で唐突に即位した光格天皇。その父、閑院宮典仁《かんいんのみやすけひと》親王は、その名が示す通り、即位経験はありません。これでは、父の身分が自分より低くなってしまいますね。ある意味、仕方のないことですが、光格天皇は納得しませんでした。形だけでいいから父に「太上天皇（＝もと天皇）」という尊号を認めてほしいと、幕府に訴えたのです。

ところが、老中の松平定信が「前例がない」「ルール違反だ」と頑なに突っぱね、朝廷と幕府が険悪な関係になります。これが「尊号一件」です。

詳しく説明すると、将軍家斉は、前例がなくとも承諾するつもりでした。家斉の父も、もと将軍ではなく「大御所」と呼べなかったため、光格天皇の気持ちが理解できたのです。しかし、松平定信は反対します。「太上天皇」を認めると、「大御所」も認めざるを得ないからです。

じつは、松平定信は将軍家の筆頭分家（田安家）の出身で、２番手の分家（一橋家）出身の将軍家斉より家柄がよかった。そして、家斉の父とはライバル関係でした。１７８７年、わずか14歳でライバルの子が将軍となった。松平定信は29歳。「家柄も年齢も自分が上だが、あえて立てている」というのが本音だったはず。そうした関係性があったので、松平定信は家斉の父が「大御所」として扱われることにつながる、光格天皇の訴えに反対したのです。

とはいえ、天皇や将軍より地位も権威も低い松平定信は、両者に嫌われてしまい、

35歳の時、わずか6年で老中の座を追われる結果となりました。つまり、「尊号一件」をきっかけに、〝寛政の改革〟も終わりを迎えることになったのです。

最後に、幕末の孝明《こうめい》天皇の話をしましょう。彼は終始、攘夷（＝外国人排斥）を求めていたため、過激な尊王攘夷派の公家や志士に担がれがちでした。しかし、孝明天皇は幕府と揉めるつもりは全くありませんでした。だからこそ、妹の和宮《かずのみや》を14代将軍家茂の妻として江戸に降嫁《こうか》させ、将軍家と親戚関係を結んでいたのです。

こうして朝廷（公家政権）と幕府（武家政権）の歴史を見ていくと、**朝廷の天皇勢力が時の政権を本気で倒そうとしたのは、後鳥羽上皇の承久の乱と後醍醐天皇の建武の新政ぐらい**です。

基本的に、天皇が率いる朝廷は処世術に長けていて、幕府と持ちつ持たれつの関係をキープしながら単一王朝を維持してきたといえるでしょう。

Q24 なぜGHQは天皇制を維持したか？

巨大な経済力・軍事力をもつ江戸幕府は、その気になれば朝廷を滅ぼすこともできたはずです。なぜ、そうしなかったのでしょうか。

ここまで述べてきたように、朝廷の天皇と有力な権力者は、持ちつ持たれつの関係を維持してきました。朝廷は時の権力を承認することで利用し、一方の権力者は天皇の権威を借りることで統一を進めました。権力者は天皇に権威づけてもらわなければ国をまとめ、政権を維持することができなかったのです。それゆえ、本気で朝廷の天皇勢力が逆らった「承久の乱」や「建武の新政」のさいも、朝廷の天皇そのものを滅ぼすという発想はありませんでした。

これは、細かく歴史を振り返ってみても、終始一貫した日本独自の国民性といえます。たとえば、飛鳥時代の蘇我馬子。当時は相当な権力者でしたが、本人が大王になろうとまではしませんでした。平安時代の藤原道長も平清盛もそう。2人とも、自分の娘を天皇に嫁がせて外戚となり、権威を利用しただけです。

室町幕府の3代将軍・足利義満も、天下統一直前だった織田信長も、天皇になろうとか排斥しようと思ったことはありません。天下を統一した豊臣秀吉も、朝廷を滅ぼすだけの力をもっていましたが、あえて関白に就任しています。天皇の補佐をすることで、農村の足軽出身という出自の低さをリカバーしようとしました。

日本史上最強である徳川家康の一族でさえも、朝廷の天皇から代々征夷大将軍・内大臣に任命される道を選び、朝廷を潰そうとはしませんでした。

当たり前ですが、明治時代の大久保利通も伊藤博文も、昭和前期の近衛文麿や東条英機も、戦後の吉田茂も田中角栄も、今の安倍晋三も同じです。どんなに良いポジションにいても、誰一人として天皇に成り代わろうと考えた人物はいないのです。

そういう意味では、太平洋戦争後、GHQのマッカーサーが天皇制を維持した判断は正しかったといえます。天皇や国のために神風特攻隊や人間魚雷として命を投げ出すような国民ですから、**天皇制を廃止してしまったら何をするかわからないし、日本はまとまらないと考えたのです。**

Q25 なぜ自民党政権は強いのか？

2018年9月、安倍晋三首相は自由民主党総裁選に3連続勝利し、任期まで勤め上げれば9年連続で内閣総理大臣を務めることになります。分裂などで低空飛行を続ける野党を尻目に、自民党政権はしばらく続きそうな勢いです。

自民党政権はいつまで続くのでしょうか？

先に答えを言ってしまうと、**内部分裂を起こさない限り、この先も続きます。**歴史的に見て、これ以外の理由で自民党が負けるはずありません。

このように書くと、過去には「細川非自民8党派連立内閣」や「民主党による政権交代」があったじゃないか、と思われるかもしれません。しかし、これらは「自民党が負けた」のではなく、自民党の内部分裂によって（自滅によって）起きた政権交代にすぎないからです。

これらを理解するには、日本史をさかのぼる必要があります。

まず質問です。日本で最初の政党といえば何党でしょうか？

答えは、**「自由党」**です。

1881年の「開拓使官有物払い下げ事件」という汚職未遂事件の影響で、9年後の1890年に国会を開設することが決まりました。ここに向けて政権を担うことを目的に結党されたのが、板垣退助を党首とする自由党です。

ちなみに、「日本史」科目の解説書には「最初の政党は愛国公党（もしくは愛国社）」と記述されていることがありますが、これは厳密に言うと間違いです。愛国公党は1874年、板垣退助たちが『民撰議院設立建白書』を政府に提出するために結成された「政社（政治結社）」です。

「政治・経済」科目の定義では、政権の獲得・維持を目指す政治団体を「政党」もしくは「会派」と呼びます。この定義に当てはめると、愛国公党は現在でいう政党ではなく、圧力団体（利益団体）です。となると、翌年に大阪で結成された全国の政社の連合体である愛国社も政党ではありません。そもそも、この時には国会がいつ開設されるかすら決まっていなかったのですから。

「自由党」は自由民権運動を展開する民権派のうち左派、すなわち急進派です。当時はまだ日本に社会主義という概念がないので、左派といっても社会主義寄りというわけではありません。主権在民や普通選挙など、フランスの急進的な思想の影響を受けており、不平士族や中小の商工業者、農村の地主や農民などに支持されました。

一方、翌1882年に結党されたのが、大隈重信を党首とする**「立憲改進党」**です。これは民権派のうち右派、すなわち漸進派です。そもそも民権派全体が、現代の「右翼・左翼」「保守・革新」でいえば革新にあたります。その民権派の中で段階を踏んだ漸進的な改革を主張し、主権在君民や制限選挙など、イギリスの議院内閣制の影響を強く受けていました。そのため、都市実業家、知識人などに支持されました。

同年、主権在君や制限選挙を主張し、政府寄りで保守的な「立憲帝政党」が、福地源一郎を党首として結党されましたが、翌年解党しています。

このように、日本の政党は、自由党と立憲改進党という2つの民権派政党を中心にスタートしたのです。

Q26 日本の保守政党はどうやって成立したか？

日本の政党は民権派の自由党と立憲改進党（のち「進歩党」へと発展）が最初でしたが、この二党が、結局は自民党のルーツなのです。「民権派で革新的なのに保守政党のルーツ？」と驚かれたと思いますが、続きの話を聞いてください。

1890年の第一回帝国議会以来、紆余曲折を経て1898年、自由党と進歩党が合流して**「憲政党」**が結党されました。そして、大隈重信が首相兼外相、板垣退助が内相を務める〝隈板《わいはん》内閣〟と呼ばれる「初の政党内閣」、第一次大隈重信内閣を組閣します。

ところが、内閣は内部分裂し、4カ月しか続きませんでした。のち、1918年に成立した原敬内閣が「初の〝本格的〟政党内閣」と呼ばれるのは、〝隈板内閣〟があまりにも短命に終わったからです。

分裂後の**「憲政党」**を引き継いだのは、旧自由党系の急進派たち。このタイミングで板垣退助が引退し、星亨《とおる》が党首の座につきました。一方の大隈重信ら旧立憲改進党・進歩党系の漸進派は**「憲政本党」**を立ち上げ、これがのち犬養毅らを中心に**「立憲国民党」**と名前を変えます。

さて、1900年に興味深いことが起きます。

憲政党が明治政府の大物官僚である伊藤博文の勢力と合流し、（星亨ではなく）伊藤博文を初代総裁とする**「立憲政友会」**に発展しました。つまり、自由民権運動の急進派だった旧自由党系の面々と、反目するはずの保守派の藩閥官僚勢力が合同したのです。

なぜ、こんなことが起きたのか？

藩閥官僚の中で比較的リベラルな「政党容認（＝政府と議会の連携）」の思想をもつ、文官（事務官）の伊藤博文は、「超然主義（＝すべて政府が決め議会は無視）」の思想をもつ武官（軍人）の山県有朋《やまがたありとも》らとは根本的に違ったからです。

さらに、この時点で旧自由党系の政治家たちは、もはや「急進派」ではなかったから。議会開設を目標とする自由民権運動が終わってから時間がたち、官・民あげての日清戦争（1894〜95年）という総力戦を経験し、かつての急進派も保守的な国家主義思想に傾いていたのです。

そして、この立憲政友会と、もともと漸進的な旧立憲改進党の流れをくむ立憲国民党の二大政党が手を組んで起こしたのが、1912年の「第一次護憲運動」という政治キャンペーンです。

護憲運動とは憲政擁護運動の省略で、当時の藩閥・軍閥中心の政府を倒し議会政治を推進しようとした運動のことです。

ところが、そもそも漸進的な立憲国民党は、桂太郎首相に切り崩され、彼の病死後は加藤高明《たかあき》を中心とする**「立憲同志会」**に発展します。残った人たちは、相変わらず犬養毅を中心とする**「革新倶楽部《クラブ》」**という小さな政党を結党することに。

そして、「立憲同志会」は藩閥官僚勢力と手を組み、**「憲政会」**と名前を変えさらに発展します。

つまり、この時点で、**革新的な自由民権運動を担ったはずの「自由党」と「立憲改進党」の流れをくむ政党（立憲政友会と憲政会）は、いずれも本来、対立相手であるはずの保守的な藩閥官僚勢力と手を結んだ**ということです。

こう書くと、現代の読者であるみなさんは、違和感があると思います。「なぜ議会と政府が対立するの？」「議会の与党の党首が政府である内閣を組閣するのでは？」と思われることでしょう。しかしそれは、「政党内閣」と「議院内閣制」という2つの条件がそろっている、戦後の政治制度の話なんです。

戦前の日本でも、何年かは「政党内閣（＝議会の多数党の党首が内閣を組閣）」が実現していますが、大日本帝国憲法下において「議院内閣制（＝内閣は国民が選んだ議会に対し連帯して責任を負う）」はあり得ません。

内閣は、個々の大臣がそれぞれ天皇に対し責任を負うだけですし、議会も衆議院は選挙がありますが、貴族院は選挙すらなく、しかし両院は対等という……。

さて、1924年に「立憲政友会（原敬刺殺後に高橋是清が総裁、党員の一部が政友本党を結党し離脱）」「憲政会（加藤高明が総裁）」「革新倶楽部（犬養毅の個人的政党）」の3党が手を結んで起こした「第二次護憲運動」という選挙戦を経て、いくつかの動きがあります。そして昭和前期には、自由党系の流れをくむ**「立憲政友会」**（立憲政友会＋革新倶楽部）と、立憲改進党系の流れをくむ**「立憲民政党」**（憲政会＋政友本党）が最終的に成立します。

これが、**戦前の保守二大政党**です。

しかしこの後、満州事変→日中戦争→太平洋戦争へと突き進む日本は、1940年にすべての政党が解党し、「大政翼賛会」というグループになります。これは巨大な包括政党ではなく、「公事結社」と呼ばれる、公共の利益を目的とする団体で、政治結社ですらありません。

この後、「政治」が一切機能しなくなり、日本が軍部や財閥とともに泥沼の戦争へと突っ込んでいくことになるのは、みなさんご存知のとおりです。

Q27 なぜ55年体制は崩壊したか

終戦後、GHQによる民主化政策により、大政翼賛会も解散し、政党が復活します。

まず、戦前の立憲政友会が**「日本自由党」**として、立憲民政党が**「日本進歩党」**として復活しました。

そして戦前、合法的な社会主義政党のことを「無産政党」と言いましたが、大小の無産政党が合流した**「日本社会党」**も誕生します。

さらに、戦前は非合法だった**「日本共産党」**が合法化され、政党として認められました。

以上、日本自由党、日本進歩党、日本社会党、日本共産党……終戦直後に生まれた4つの主要政党を比較すると、日本自由党と日本進歩党は自由主義の保守政党、日本社会党は社会主義右派（社会民主主義）の革新政党、共産党は社会主義左派（共産主義）の革新政党といえます。右翼は一時的に後退しました。

その後、日本自由党と日本進歩党は、紆余曲折を経てそれぞれ吉田茂（のち緒方竹虎）の**「自由党」**と鳩山一郎の**「日本民主党」**に形を変え、両者は1955年に〝保守合同〟します。

このとき生まれたのが、鳩山一郎を初代総裁とする**「自由民主党」**なのです。つまり、**自由民主党は、自由党・立憲改進党の流れをくむ戦前の保守二大政党が合体した最強の政党**なのです。

１９６０年代、自民党のパワーに押され日本社会党から民主社会党（のち民社党）が分裂したり、新興宗教団体の創価学会を母体とする公明党が結党されるなど、保守と革新の中間的存在の「中道政党」も出てきますが、基本的な政治体制は固定されます。

それは、議席の約３分の２を自民党（保守政党・改憲勢力）、残りの約３分の１を社会党と共産党（革新政党・護憲勢力）が分け合う**「55年体制」**です。

憲法改正の発議が可能な３分の２以上の議席数を争点に、38年間も、事実上の自民党一党体制が続くことになります。

１９９３年に55年体制が崩壊した理由は明らかです。**１９９１年にバブル経済が崩壊し、国民がイライラしているところに、ゼネコン汚職や東京佐川急便事件などの贈収賄事件が連発、１９９２年には自衛隊の海外派遣が可能となるＰＫＯ協力法（国連平和維持活動協力法）が成立し、国民の不満と不安が一気に高まったから**です。

そして、この自民党人気がダダ下がりのタイミングで、再建を担うはずの最年少幹事長小沢一郎が新生党を結党し、さらにもと最年少知事（滋賀県）の武村正義《まさよし》が新党さきがけを結党して鳩山由紀夫ら若手議員が合流。要するに自民党が内部分裂したわけで

日本の政党の変遷

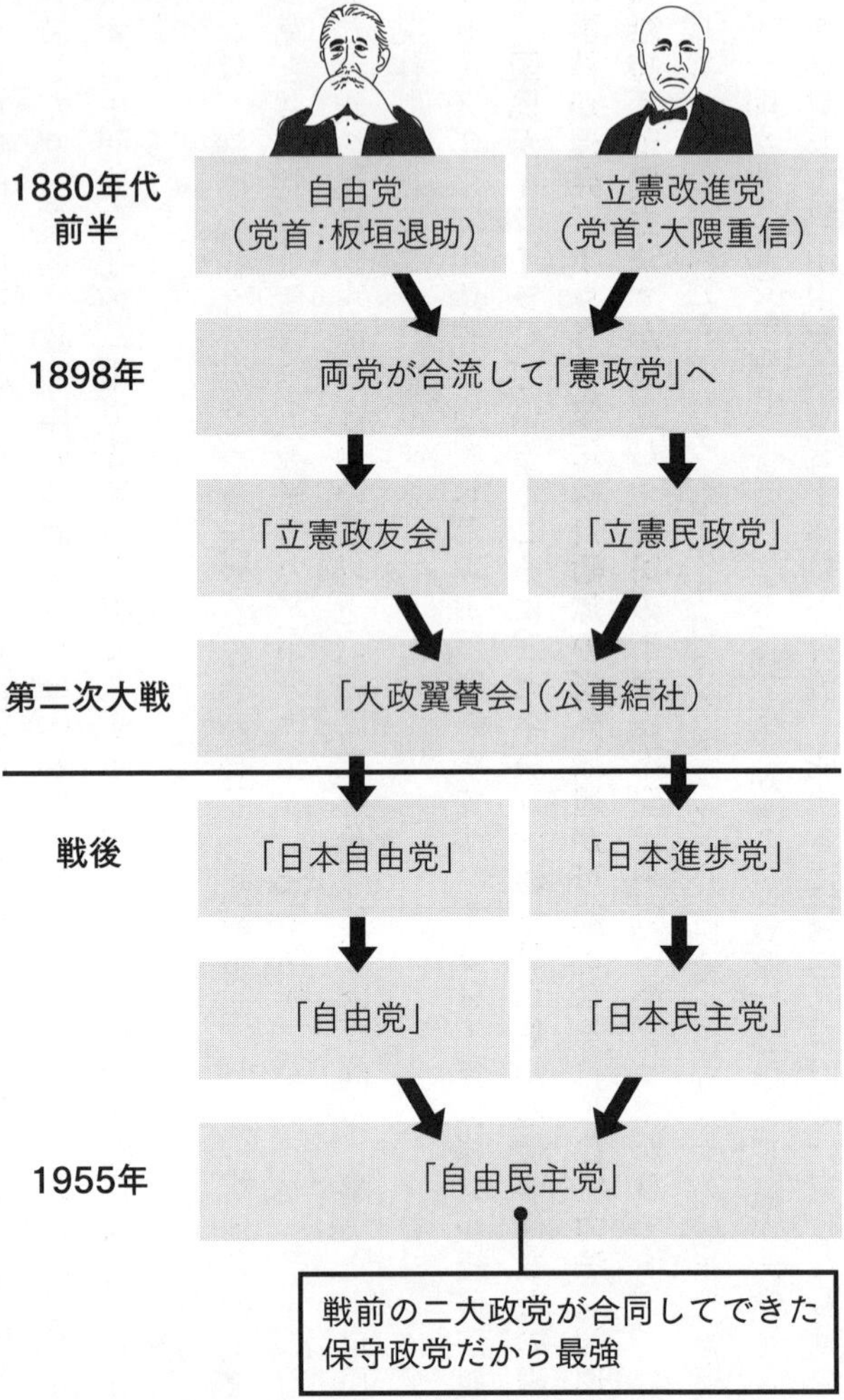

1880年代前半
自由党（党首：板垣退助）
立憲改進党（党首：大隈重信）
1898年
両党が合流して「憲政党」へ
「立憲政友会」
「立憲民政党」
第二次大戦
「大政翼賛会」（公事結社）
戦後
「日本自由党」
「日本進歩党」
「自由党」
「日本民主党」
1955年
「自由民主党」
戦前の二大政党が合同してできた保守政党だから最強

す。

当時の総裁、宮沢喜一《きいち》首相は呆れたことでしょう。第三回東京サミットへの出席時は、小さな風体に温和な表情で「スターウォーズのヨーダみたい」と世界中に発信され話題になりましたが、内心は笑ってる場合ではなかったよー……。

次に行きましょう。本題は自民党が負けない理由でしたよね。

そもそも日本は自由主義・資本主義国家で、社会主義・共産主義国家ではありませんから、冷静に考えれば保守合同の自民党が、社会党や共産党に負けるはずがありません。

また、日本は東西冷戦の渦中にアメリカと日米安保条約を締結し、同盟関係を維持してきたわけですから、ボスの意向に逆らうことはあり得ない。すなわちソ連寄りの革新勢力が政権を握るということは考えられませんでした。

ちなみに、アメリカの共和党と民主党という二大政党は両方とも保守です。保守政党の中に現実主義《リアリズム》の保守（自由放任主義、アメリカファースト、「小さな政府」）と理想主義《リベラリズム》の保守（修正資本主義、世界の警察、「大きな政府」）が同居しているだけ。

現在も、保守政党しかないアメリカの核の傘の下にいる日本では、左翼はおろか、少し左巻きの政権でさえ現実的ではありません。ですから、日本共産党はもちろん、社会民主党（もとの日本社会党）や国民民主党ですら、政権獲得は、連立政権にでも参画しない限り難しいでしょう。ただ、枝野幸雄の立憲民主党は左巻きに見えてじつは「中道」なので、可能性はあるかもしれません。

いずれにしても、こうして日本史を振り返ると、自民党が長年、日本の政治の中心であり続けてきた理由がよくわかります。

Q28　民主党による政権交代は何を意味するか？

ここまで政党の歴史を紐解いていくと、「民主党による政権交代」「55年体制の崩壊」の見え方も変わってきます。

2009年の民主党による政権交代は、いくら前年のリーマンショック（世界金融危機）で国民がイライラしていた（麻生太郎首相の金銭感覚や漢字が読めないことも）とはいえ、たしかに大きな政治変革でした。しかし、民主党のルーツをたどれば、自民党からの離脱組に行き着きます。もとは自民党から離脱した新生党（小沢一郎ら）や新党さきがけ（鳩山由紀夫ら）の政治家が中心となって結党されたのが民主党なのです。

1993年の細川連立政権による55年体制の崩壊も、構図は同じ。自民党を割って出た新生党と新党さきがけの勢力が、日本新党の細川護熙《ほそかわもりひろ》を神輿《みこし》に担ぎ、非自民8党派連立内閣が生まれました。このように「非自民」とはいっても、もとは自民党から離脱した政治家たちが主流ですから、純粋な非自民とは言えません。そもそも「非自民」の特攻隊長、日本共産党は参加していませんでしたし……。

近年も一時期、日本新党などを経て自民党に入党していた小池百合子都知事が結党した「希望の党」が躍進した時期がありましたが、仮に希望の党が政権を獲っていたとしても、自民党から離脱した政治家が政権を獲ったことに変わりはありません。

結局、自民党が危機に陥るのは、党を割る有力者があらわれた場合だけです。何度も書きますが、**離脱者が出て、党が割れないかぎり、自民党が負けることはない**のです。

その背景には、一つ条件があります。第1章でも触れましたが、日本の経済状況が政権交代に大きな影響を及ぼします。

細川連立政権が誕生して55年体制が崩壊したのは、バブル崩壊後に景気が急激に冷え込んだ時期のこと。2009年に民主党が政権を奪取したのも、リーマンショックによって国民の生活が脅かされていた頃です。そういう意味では、2017年の衆議院選挙のとき、アベノミクスが頓挫し、経済状態が悪ければ、希望の党にもチャンスがあったのかもしれません。

「可能性はあると思う」と前述した、現在の野党第1党である立憲民主党の場合はどうでしょうか。

連合など労働組合に気を遣いすぎ左派のスタンスを前面に押し出すと難しいでしょうが、もともと中道政党である民主党（のち民進党）を割った人たちの政党ですし、アメリカの民主党と同じように保守の中のリベラルというスタンスをとり、なおかつオリンピック後に景気が激しく落ち込めば、政権の座についてもおかしくはありません。枝野さん自体、アイドルオタクで「えだのん」と呼ばれるなど若い人から人気の高い政治家ですから、都市部の浮動票や、政治的無関心層を動かすことも可能です。

そうはいっても、やはり多くの日本人にとって、まだまだ「政党＝自由民主党」です。一時的に自民党が政権を奪われても、自民党が消滅することはおそらくあり得ません。なぜなら、戦前から続いてきた系譜がすべてなくなってしまうことになるわけですから。

もし自民党が崩壊することがあれば、それは今の日本が自民党よりもっと右巻きに変わる時でしょうか。日米安保条約を破棄して核武装し、徴兵制が始まるとか……。もしくは国の主要産業が仮想通貨運用とオンラインサロンの運営になるとか。人気職業の筆頭がユーチューバーになるとか（すでになってる？）。

前者はさておき後者のような価値観になれば、政治や政党という概念も変わり、崩壊はあり得るかもしれませんね。実際、新たな価値観は物凄いスピードで動き出しています。

おわかりだとは思いますが、私が自民党を応援しているわけではなく、歴史に学べば自民党の強さを痛感することになるのです。しかし、それはあくまでも旧来の価値観が続けば、の話なのです。

Q29　なぜ安倍首相は憲法改正にこだわるか？

安倍晋三首相は憲法改正に強い意欲を示しており、特に憲法第９条、平和主義部分の改正にはこだわりをもっています。なぜ、安倍首相は改正にこだわるのでしょうか。

彼の個人的背景からいえば、父が外務大臣の安部晋太郎、祖父が首相の岸信介《きしのぶすけ》、祖父の弟が同じく首相の佐藤栄作という保守政治家一族の出身です。

とくに岸信介は60年安保闘争時の首相。アメリカに日本防衛の義務はなく、範囲や条約期間の規定すらなかった当時の旧安保を見直し、対等な日米関係を目指したのですが、安保改定は「対米従属」だと左派を中心に激しく非難されました。

結局、改定は強行されましたが、じつは岸にとって、安保改定と同じくらい憲法改正は悲願でした。

というのも、鳩山一郎や岸を中心に結党された自由民主党は、党の政綱に「現行憲法の自主的改正」を掲げています。しかし、首相在任時には安保改定に手一杯で、改憲を実現することはできませんでした。

つまり、**安倍首相は祖父である岸信介の遺志を継ぎ、憲法改正をやり遂げようとしているのです。**同時に、憲法改正は自民党の悲願でもあります。政綱に「自主憲法」を掲げているのですから、改正内容ならまだしも、改正行為そのものに反対する議員や党員はいないはずです。

Q30 日本国憲法をつくったのは誰か?

安倍総理の個人的な動機は別にしても、冷静に考えれば、「アメリカのGHQが決めた憲法ではなく自主憲法を制定すべきだ」と、日本人の多くが心の底で思っているのではないでしょうか。

もちろん、100％アメリカが憲法を作成したわけではありません。マッカーサー草案は修正されていますし、当時の日本にはまだ枢密院（天皇の諮問機関）があり、衆議院・貴族院でも議論されました。「アメリカの影響は半分以下だった」という説もあります。

しかし、どんなに綺麗事を言っても、アメリカが考えたマッカーサー三原則が基本となっており、日本人だけで考えた憲法ではないことは否定できない事実です。ちなみにマッカーサー三原則とは、①天皇制を維持する、②国家の主権的権利としての戦争を放棄する、③封建的制度は廃止する、というものです。

アメリカが憲法をすべて決めたわけではありませんが、戦勝国アメリカの影響が非常に強かったことは間違いありません。

そうした事実を知っている日本人であれば、憲法改正を声高に叫ばないまでも「日本の憲法は自分たちだけで決めたほうがいい」「せめて改正を発議して国民投票を行い、国民の声を直接聞くべき」と思うのが自然な心理ではないでしょうか。

Q31 憲法改正は実現するか？

安倍内閣は、悲願の憲法改正に向けて着々と準備を進めていますが、一方で反対意見が多いのも事実です。

反対する勢力は、おもに2つ。

一つは、第9条、平和主義が改正されることにアレルギーをもつ人たちです。第9条が改正されることで、日本がまた戦争に巻き込まれるのではないか、と心配するのです。

もちろん、改正する対象は9条だけではありません。戦後に憲法が制定されてから一言一句変わっていないわけですから、時代にそぐわない項目や課題もあるはずです。本来、プライバシー権や環境権など新しい権利も議論の対象とすべきでしょう。しかし、最重要項目である9条が改正されることに嫌悪感を抱く人たちは、憲法改正そのものに反対の声をあげている状況です。

もう一つは、今のアメリカの言いなりになることに反発している勢力。仮に9条を改正したとしても、「アメリカの都合に合わせた改正」で終わるのであれば意味がない。自主独立した日本人だけで決めた憲法をつくるべきだ、というスタンスです。現実に、自民党の安倍政権は良くも悪くもアメリカ・トランプ大統領の言いなりですから、結局、「アメリカが決めた憲法」から脱却できないのではないか、と危惧しているわけです。実際、改正案を見るとそうなりそうですし……。

しかし、これら2つの勢力を集めても国民の半分がいいところではないでしょうか。これは大学生と日々接する私の個人的な感覚ですが、若い人は「なんだかんだ言っても改正はしたほうがいい」「古いし」「戦勝国に決められた憲法ってみっともないもん」というのが本音だと思います。

国民が本音のところで、どう思っているのか。憲法を改正したほうがいいのか、しないほうがいいのか。各新聞社の世論調査や内閣府の調査などがニュースになることもありますが、社会調査（アンケート）の実施主体である企業や団体それぞれの立場や主義があるわけですから、ある程度、恣意《しい》的にならざるを得ません。

本当に有効なのは、直接民主制を取り入れた**「国民投票」**という現行の制度です。制度が存在するのに、国民投票は一度も実施されたことがありません。**憲法改正を**

発議するには衆・参各議院の総議員の3分の2以上の賛成が必要なので、非常にハードルが高い。しかし、自民党・公明党の与党勢力が3分の2以上を維持している今ならそれが可能です。そうすれば、長年の課題に対して答えが出て国の方向性も見えてきますし、何よりも政治に国民の目が向きます。

史上初の国民投票であれば、さすがに投票率は高くなるでしょうし、政治そのものに興味・関心を持つ人が増えるはず。これは、日本にとって見逃せない大きなメリットです。

私は思います。野党の人たちは何を怖れているのでしょうか？　自国の国民が信用できないのでしょうか？

投票の結果、「改正反対」と出れば、ダメージの大きい与党からは、しばらく発議されないでしょう。それに、投票率が爆アゲとなる次の衆議院総選挙では、自らが与党となるチャンスじゃないですか。

では「改正」と出ればどうするか？　それが国民の世論、それが民主主義です。国民や民主主義を信じられなくて、なぜ政治家をやってるんですか。そう言いたい。

やりましょう、国民投票。

Q32 「戦後」はいつまで続くのか？

２０１８年８月15日、戦後73回目の終戦記念日を迎えました——。毎年、このようなニュースを目にしますが、私はいつも違和感を覚えます。

「終戦」記念日という言葉を使っていますが、現実はあきらかな「敗戦」です。「終戦」だと、自主的に戦争を終わらせたというニュアンスさえあります。あいまいにするのは日本人の悪いクセです。

日本はポツダム宣言を「受け入れてあげた」わけではありません。ポツダム宣言によって「降伏させられた」のです。

みなさんは、ポツダム宣言を読んだことがあるでしょうか？

わずか13条しかありませんが、最後には、こう書いてあります。

「吾等は日本国政府が直ちに全日本国軍隊の無条件降伏を宣言し、かつ右行動における同政府の誠意を適当かつ充分なる保障を提供せんことを同政府に要求す。右以外の日本国の選択は迅速かつ完全なる壊滅があるのみとす」

相当にキツい表現です。簡単にいえば、「言うことを聞かねば、地球上から消すぞ」ということですから。

当然、日本からは一切条件をつけられない無条件降伏です。日本は8月14日に受諾《じゅだく》し、翌日の正午に昭和天皇のラジオ放送『玉音放送《ぎょくおん》』で敗戦が報告されました。

このように1945年に「敗戦」したということを日本人が認めない限り、ダラダラといつまでも「戦後」が続くことになります。

いつまでも「戦後」が続くことによって、日本がかえって危険な方向に進みかねないと心配しています。

私は、27年前に日本史や政経を教えるようになってからずっと、「アメリカの捕虜収容所の中で収容所の歴史や政治経済を教えている」という感覚が抜けません。憲法にしても安保条約にしても、日本の戦後史はアメリカの強い影響下にあり、日本は完全に独立しているとは言い切れません。アメリカには正論さえ言えないのが現状です。日本の「戦後」とは、まさにアメリカに従属してきた歴史でもあります。

このような状態が続いていくことによって、危険な思想をもつ人たちが大量に現れないとも限りません。それこそ、「戦後」を終わらせるには、もう一度アメリカと戦争をして「第三次世界大戦」に勝つしかない、と。

第一次世界大戦で負けたドイツは、まさにそういう状況に追い込まれていきました。敗戦国として政治的・経済的に虐げられてきたことによって、「もう一度戦争をして第一次世界大戦の敗戦を取り返そう」という発想が生んだのが、ナチスとヒトラーと、第二次世界大戦でした。

戦後の日本は、経済的に豊かだったので、危険な道へ足を踏み入れることはありませんでしたが、この調子では、将来どうなるかはわかりません。だからこそ、平和で豊かな今の時代に「戦後」へ区切りをつける必要があると思うのです。

私たちは「戦後」を生きると同時に、新しい時代を生きています。**「戦後」を終わらせるには、まずは敗北したことを素直に認めることだと思います。**

もちろん、アメリカに原爆を2発も落とされたことは忘れてはいけませんし、日本が進出した国で行ったこととも向き合わなければならない。結局は戦争当事者の双方が、悔し涙を流しながらでも「許そう、しかし絶対に忘れない」という態度をとらないかぎり、歴史は前に進みません。たとえば、日本にヒロシマ・ナガサキがあるように、アメリカにもパールハーバーがある。政治的な思惑はどうあれ、そこで死んだ人の親族や友人は必ずいます。

そして、国民が自国のことを考える。たとえば、「日本人の手で新しい憲法をつくる」「日米安保条約を破棄し、新たな関係を結ぶ」ということになれば、名実ともに「戦後」は終わるかもしれません。

それが現実的でないというなら、せめて憲法改正の国民投票ぐらいは実施する。日本人が国のあり方を自分の頭で考えなければ、いつまでも「戦後」は終わりません。

なお、2011年に東日本大震災が起きた時、「震災後」という言葉を使おうという動きが少しありました。2011年3月11日までが「戦後」で、それ以降は「震災後」というわけです。これまで敗戦後の国のあり方に向き合ってこなかったことを棚上げして、災害で「戦後」を終わらせようというのは虫の良い話ですし、そもそも東北の方々に失礼です。

あれほど腹が立ったことはありませんでした。

第3章

知られざる日本の軍事・外交史

Q33　日本に戦争の危機は訪れるか？

２０１８年6月、北朝鮮とアメリカが首脳会談を行ったことで、日本も軍事面・外交面での岐路を迎えています。このまま東アジアに平和が訪れると期待したいところですが、これまでの金正恩《キムジョンウン》最高指導者の行動とトランプ大統領の性格を考えれば、そう簡単ではありません。

実際、日本はつねに核戦争の危機にさらされた状態です。すぐそばに、ロシア、中国、北朝鮮という核保有国があるからです。

国際連合の安全保障理事会の常任理事国が「五大国」で、アメリカ、イギリス、フランス、ロシア、中国。核拡散防止条約（ＮＰＴ）では、この五大国だけが核兵器の保有を認められ、それ以上拡散させないことになっています。しかし、実際にはインドとパキスタンは核実験を成功させ、イスラエルと北朝鮮も確実に核兵器を保有しています。

では、現実に朝鮮半島で有事が起きたとき、日本はどうするか。

いざとなったら韓国と日本が手を結んで北朝鮮に対抗するという夢物語を信じている人がいますが、それはあり得ません。

韓国と北朝鮮はそもそも同じ民族ですし、35年間にわたり不本意にも日本領とされていた屈辱は強いからです。有事が起きれば、アメリカの手前、韓国は日本の敵にはならぬまでも、自国の防衛に終始するでしょう。

また、日本は「アメリカの核の傘に守られている」と言いますが、それも幻想です。仮に、北朝鮮が日本に核ミサイルを撃ったとしても、アメリカが北朝鮮を核攻撃するはずがない。アメリカが自国に核が撃ち込まれるリスクを冒してまで、北朝鮮を核攻撃するメリットなどないでしょう。ましてやそれが、ロシアや中国なら……考えるまでもありませんね。

かといって、アメリカが核以外の攻撃はする？　しないでしょう。相手が核兵器をもっている限り、リスクは一緒ですから。「アメリカに守られているつもり」が正しい表現だと思います。

つまり、**日本はいつでも核攻撃される可能性がある**ということです。

それなのに、「攻撃されたらどうする？」「どう防ぐ？」という議論をせずに、「そもそも攻撃されないようにする」「絶対に攻撃されない！」と言う人たちが結構いて驚きます。日本人のある種の能天気さは、古代から首都に城壁がない習性そのものです。

世界の常識からいえば、すべての国が最低限の防衛力は持っておくべきもの。自分の家族を守るのと一緒です。だから、「自衛隊はいらない」と言う人は理解に苦しみます。国連の平和維持活動（ＰＫＯ）で海外に行ったり、国内で災害救助をしたり、大忙しの大活躍にもかかわらず、自衛隊はその立ち位置があいまいなままです。

私は自衛官やその親族の知人もたくさんいますが、他の職業に比べ、わざわざ聞かれない限り、堂々と胸を張って言う人が少ないような気がしています。

消防は地方自治体の首長、警察は警察庁長官がトップ。しかし自衛隊は防衛大臣どころか、内閣総理大臣が直属のトップ。よく考えたらすごい公務員なのに……。

余談ですが、海上自衛隊東京音楽隊の「歌姫」三宅由佳莉さんと、その施設内でCS放送向けの対談をしたことがあります。もちろん歌声もですが、「世の中にこんな美しい人がいるのか……」と、驚くどころか、謎でした。

しかしその時、印象深かったのは、手塚裕之隊長含め、施設内を色々と案内してくださった自衛隊関係者の方々が、「我々は国民のため、いつでも先頭に立ち衛る覚悟があり、そのための訓練もしています」とはっきりおっしゃっていたことです。皆、とても謙虚で格好いい。なるほど、「覚悟」が美しさを支えているのだな、と納得したことを覚えています。

自衛隊は、アメリカからの武器購入もあり、世界でも有数の実力をもっています。しかし、もちろん核兵器はもたない。

有名な「もたず、つくらず、もち込ませず」という非核三原則があります（「もち込まれて」いますが）。これは法律ではなく、1960年代後半に佐藤栄作内閣が委員会で提示し、国会で決議された「国是《こくぜ》」です。法律なら国会で変えられますが、国是は変わらない。

このように、「もたず、つくらず」で核武装しないと決めたのなら、核抜きでの自衛隊の防衛力増強を真剣に考えるべきでしょう。今の日本人に大切なのは、国内政治と違い中央政府の統制がなく、「やったもの勝ち」である国際政治の現実を理解したうえで議論することです。

　本章では、日本の外交史を振り返ることで、いかにして日本人が自国を守るべきか、国際社会でどのようなポジションをとるべきかを、歴史から学んでいきましょう。

Q34　なぜ戦争は起きるのか?

「戦争は必ず起きてしまうものだ」という話がありますが、そうとも言い切れません。フランスの啓蒙思想家ルソーが『人間不平等起源論』の中で「私有財産制がすべての元凶」と書いていますが、人間どうしの戦いは「資産」がなければほぼ起きないものだからです。

　日本の場合、縄文時代までは、ほぼ資産を持っていませんでした。この時代は採集経済段階（獲得経済段階）で、保存のきく食料も少なかった。

　ところが、大陸や朝鮮半島から稲作が伝わり生産経済段階になると、余剰生産物が生まれます。コメは日持ちするうえ、一年分、一気に穫れますからね。

　また、定住して農業を営むと、土地や水利権が価値を持ちます。さらに、青銅器や鉄器といった金属器が伝わり、これらも立派な資産になります。

以上の3つの資産――余剰生産物、土地や水利権、金属器が登場したのは弥生時代です。発掘された弥生時代の人骨を見ると、首がないものや鏃《やじり》が人骨の間に挟まっているものなど、あきらかに「人に殺された」と思われるケースが多々あります。

縄文時代までは、他の動物から集団を守るための戦いはあっても、人間同士が争うことはそこまでありませんでした。しかし、**弥生時代以降、「資産」という概念が生まれたことによって、人間同士の戦いが発生するようになった**のです。

したがって、以降においても、戦いの大半は、カネや土地、天然資源に代表される「資産」争いであると考えられます。

Q35　日本史上、最初の対外戦争とは何か？

日本の軍事・外交について議論をするためには、過去の戦いの歴史を振り返っておく必要があります。

日本が国家単位で初めて対外戦争をしたと考えられているのは、4世紀末〜5世紀初め、ヤマト政権の朝鮮半島への遠征です。その戦いの様子が刻まれた、高句麗《こうくり》「好太王《こうたいおう》碑《ひ》」という高さ6・3メートルの石碑が、現在の中国の吉林《きつりん》省集安市に残っています。

高句麗は、中国東北部から朝鮮半島北部に南下し、勢力を伸ばしていたツングース系民族の国家で、石碑には好太王の活躍が記されています。

好太王は、『冬のソナタ』で有名になった韓国の俳優、ペ・ヨンジュンが『太王四《たいおうし》神記《じんき》』というドラマで演じたほどで、日本でたとえればNHK大河の主人公となるような英雄です。その碑には、「倭が海を渡ってきて百済や新羅と戦い勝利したが、好太王率いる高句麗には勝てなかった（意訳）」と刻まれています。

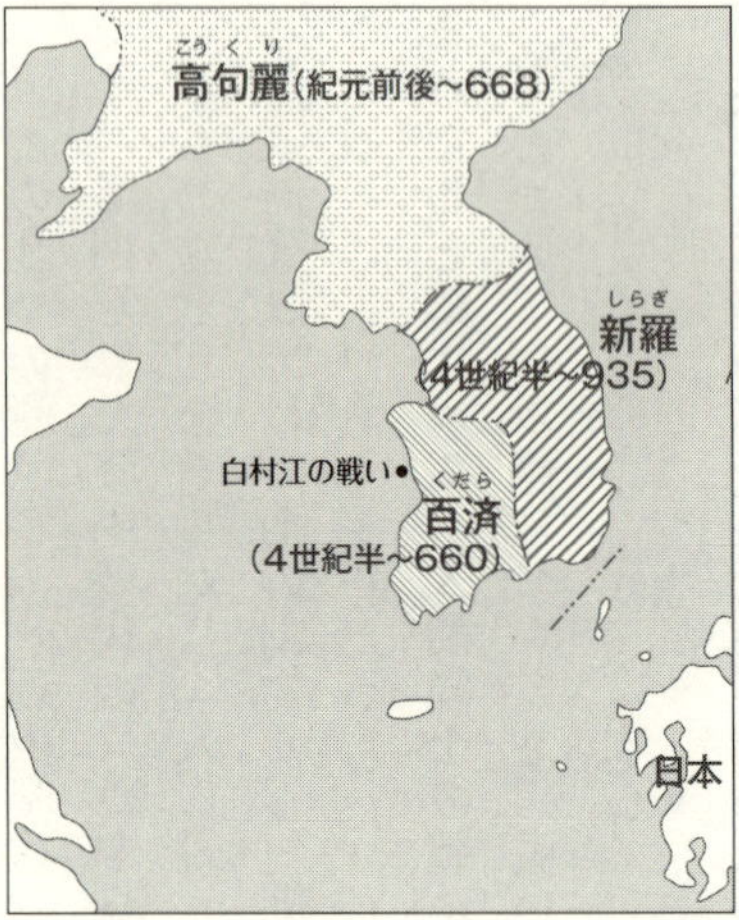

当時の朝鮮半島には、北部に高句麗、西部に百済《くだら》、東部に新羅《しらぎ》という統一国家がありました。また、ヤマト政権が勢力拠点にしていた「加耶《かや》諸国（『日本書紀』では任那《みまな》と呼ぶ）」と呼ばれる小国の連合エリアも存在していました。

さて、そもそもヤマト政権は、何を目的に朝鮮半島に進出していたのでしょう。

答えは「鉄資源」ですが、他の先進文化・技術を入手することもまた重要な目的でした。一連の戦いを通じて、高句麗に敗れはしても騎馬技術は学んだようです。これにより、倭国内の他勢力に比べ、ヤマト政権は圧倒的に強くなったとも考えられます。

しかしその後、朝鮮半島における倭の勢力は失われていきます。

562年の時点で加耶諸国（任那）は消滅し、半島から完全に撤退することになったのです。

Q36　なぜ白村江の戦いが起きたか？

ヤマト政権は、朝鮮半島の拠点を失いましたが、約100年後の663年には、**初の本格的な対外戦争「白村江《ほくそんこう》の戦い」**が起きました。なぜでしょうか？

当時も、半島には高句麗、百済、新羅の3国が存在していました。中国にとって、隣接する高句麗は以前から邪魔な存在でしたが、隋も唐も連続で高句麗征討に失敗しています。もちろん高句麗より中国の王朝のほうが経済力・軍事力ともにあるのですが、防御に専念すれば、高句麗も滅亡させられるほど弱くはない。

そこで、唐は半島東部の新羅と手を結ぶことに。唐からすれば、半島の北半分を統一できればよく、新羅からすれば、半島の南半分を支配でき、現状の王家の体制が保証されればよかったので、利害が一致していました。この同盟関係により、さっそく660年に滅ぼされたのが、半島西部の百済でした。

ヤマト政権は、以前から漢字や仏教や儒教などの先進文化の大半を、百済を通じて入手するほどの良好なつながりをもっていました。そこで、**半島南部に拠点を復活させたい日本は「滅ぼされた友好国、百済の再興を助ける」という名目で出兵**します。

出兵した日本と旧百済連合は、唐と新羅連合と、錦江《きんこう》河口付近の白村江で海戦を行います。しかし、「海水みな赤し」と句に詠まれるほどの大敗北を喫しました。

戦後、ヤマト政権の中大兄皇子《なかのおおえのみこ》(のちの天智天皇《てんじ》)は「唐と新羅が攻めてくるのでは」と大きな不安に襲われます。そこで、九州の大宰府北方に水城《みずき》と呼ばれる堤防をつくったり、西日本各地に朝鮮式山城を築いたりしました。また、首都を大和国(奈良県)の飛鳥からさらに奥、近江国《おうみのくに》(滋賀県)大津宮に移して防御態勢を整えました。防人《さきもり》と呼ばれる兵が九州北部に、烽《とぶひ》と呼ばれるのろしが西日本各地に設置されたのも、この時です。

白村江の戦いにおける敗戦は、日本の国防体制を考えるうえで重要な契機になったのです。

ただし、日本は幸運でした。白村江の戦いのあと、668年に高句麗も唐と新羅連合に滅ぼされたのですが、半島の支配をめぐりこの2国が揉め始めたのです。そのことで、唐や新羅から攻められるどころか、「敵方につかないでほしい」という事情で、大事にされるようになりました。

その後、日本は672年の壬申の乱（皇位をめぐる古代最大の内乱）を経て、中央集権国家体制の構築へと向かいます。独自の律令と天皇（エンペラー）をもつ国家になることができた遠因は、唐や新羅から攻められなかったことにあります（この時期、2国との無用なトラブルを避け遣唐使を中断していました）。

結局、唐の勢力を追放した新羅が676年に半島を統一しますが、独自の律令もなく、新羅の王（キング）は唐の皇帝（エンペラー）の冊封《さくほう》（＝中国を宗主国とした従属関係）を受ける国となりました。

対する日本は唐に冊封されなかったため、おそらく新羅より弱いのにプライドだけは高い国となっていきます。「日本は完全な独立国家」「新羅と一緒にされたくない」というわけです。

まるで、ドラえもんのアニメを見ているような気持ちになります。のび太がスネ夫に抱いている感情と同じ。よく泣かされて帰るクセに「自分はジャイアンの子分じゃない」「スネ夫と一緒にされたくない」というわけです。

新羅はせめて対等関係を維持しようと試みますが、日本はこれを拒否。新羅との関係は悪化し、遣唐使のルートが半島のそばを通れなくなったくらいです。

以来、新羅とは「付き合いは普通にあるけれど互いに気にいらない関係」となります。東アジア世界の勢力図が確定する意味で、白村江の戦いは、歴史上重要な戦いだったのです。

Q37 国外から初めて攻められたのはいつか？

一方、日本が外国から初めて攻撃を受けたのはいつのことでしょうか。

鎌倉時代の「蒙古《もうこ》襲来《しゅうらい》（元寇）」だと思っている人が多いのですが、じつは11世紀前半、平安時代後期の**「刀伊《とい》の入寇」**（１０１９年）が最初です。

少し前の10世紀、東アジアの国際情勢が大きく変わります。

遣唐使を通じ国交のあった唐が９０７年に滅亡し、五代十国という混乱期を経て、

979年に「北宋」が中国を統一します。

また、朝鮮半島では935年に新羅が滅亡して、翌年「高麗《こうらい》」に王朝が交代します。

そして、中国東北部を中心とするツングース系民族の渤海《ぼっかい》は、927年に「遼《りょう》（契《きっ》丹《たん》）」に滅ぼされました。その渤海の生き残りの勢力が、「刀伊（女真《じょしん》）」と呼ばれる民族です。彼らは西方から遼（契丹）の圧力を強く受けていたため、南方の高麗を攻めたりして活路を探っていたのですが、この時は日本の九州を襲いました。

兵力は2500人ほどですから、そんなに大きな戦いではありませんが、当時の日本は、藤原道長・頼通父子の摂関政治全盛期で、皇族や貴族は安穏と生きていた時期です。

というのも、「遣宋使」という言葉がないように、中国の北宋と国交はなく、朝鮮半島の高麗とも（北宋同様に交易関係や文化交流はあっても）国交を結んでいません。宮中で恋愛したり、権力争いをしたりすることに夢中で、10世紀には外交は放置、地方政治は国司任せだったといえます。

そんな時期ですから、「刀伊の入寇」に京《みやこ》の皇族・貴族たちは仰天しました。結局、これを撃退したのは、藤原隆家（道長の甥）が率いる九州の地方武士たちでした。

ここで注目すべきは、朝廷が何もできなかったということ。中央政府の無力さがあきらかになり、地方の現場で処理するほかなかったのです。

実際、日本ではこれに似たことがよく起きます。

現代でも、1995年の阪神・淡路大震災の発生時、早朝だったため、村山富市内閣の初動が遅れたという話があります。また、2011年の東日本大震災の時は、菅直人《かんなおと》内閣の対応力のなさから現場が大混乱、当時の東京電力福島第一原発の吉田昌郎《まさお》所長の機転と決断がなければ、さらに大きな被害を生んでいた可能性があります。

いわば刀伊の入寇は、「中央が無力ゆえに現場の地方が対処せざるを得なかった」初の事件です。

白村江の戦いは、少なくとも九州までは中央の人間が行き、海は渡らずともそこで指揮をしており危機を共有しています。しかし、刀伊の入寇は、現地の人間のみで敵を追い払うことができたケースといえます。

ちなみに、「刀伊（女真）」は、その後も長く続く民族で、のち「金」という王朝をつくり中国北部を統一します。金はモンゴル帝国の2代皇帝オゴタイにより1234年（世界史で最も覚えやすい年代）に滅びますが、その後も潜伏し、1616年に復活します。

ヌルハチが「後金」という王朝を興し、2代ホンタイジが「清」と改称します。したがって、日本が刀伊（女真）すなわち満州民族と戦ったのは、明治時代の日清戦争で2度目。日本が連勝したというわけです。

Q38　なぜ元寇に勝利できたか？

13世紀、日本はモンゴル帝国5代皇帝フビライの設立した中国王朝「元」の襲来（＝蒙古襲来・元寇）を受けます。「文永の役《えき》」（1274年）と「弘安の役」（1281年）という2度の戦いは、何とか日本の勝利で終わりましたが、じつは元は3度目も計画していました。なぜ実行できなかったかというと、ベトナム（陳朝）に負けたり、内乱があったりして、日本遠征の余裕がなかったからです。

そういう意味でも、「世界最強の国はどこ？」と聞かれたら、私は「ベトナム」と即答します。当時世界最強のモンゴル帝国に勝ち、史上最強のアメリカにもベトナム戦争で勝ったわけですから。

さて、8代執権北条時宗を中心に、2度の襲来を凌いだあと、日本は祝勝モードに包まれたかというと、そうではありません。いつまた攻めてくるかわからないと、鎌倉幕府は御家人に警備を続けさせます。それどころか、鎌倉幕府が滅亡したあともしばらく、警戒態勢は維持されます。相手は「もう攻めない」と宣言するわけではありませんし……。その意味で元寇は、長きにわたり地方武士を苦しめることになりました。

元寇の勝利の要因は、「神風が吹いた」と記憶している人もいるかもしれませんが、実際にはさまざまな要因の「合わせ技」でした。

1度目の文永の役について、「1日戦って負け、次の日には元軍はいなくなってい た」という話がありますが、それは博多湾（福岡県）に限った話です。実際には、元軍は博多に攻めてくる前に対馬や壱岐《いき》（長崎県）を攻めています。そこで激しい戦闘を繰り広げてから、九州本島にたどりついた。しかし、その日の夜、悪天候によって海がしけたため撤退した、というだけです。

この、案外大したことなさそうな「神風」のほかにも、勝利の要因はいくつもあります。

一つめは、モンゴル民族が船に慣れていなかったこと。冷静に考えれば、彼らは草原の遊牧民です。だからこそ元軍だけでなく、朝鮮半島の高麗軍も組織されている。

2つめは、元軍が疲弊していたこと。元は高麗を屈服させてから日本を攻めましたが、その過程で起きた高麗の精鋭部隊「三別抄《さんべつしょう》」の乱によって、相当手こずりました。

3つめは、内部対立です。もちろん元軍と高麗軍の関係は微妙ですし、モンゴル民族同士も仲が良いわけでもない。不慣れな船旅のうえ、対馬や壱岐で激しい抵抗にあい、うまく統制がとれない状態になっていました。

また、勝利の要因は、日本側にもあります。鎌倉幕府の御家人たちは苦戦を強いられたとはいえ、かなり奮闘しており、そのようすは『蒙古襲来絵巻』に詳しいです。

特に2度目の弘安の役は、結果的に7年後でしたから、その間に石塁（石築地《いしついじ》）と呼ばれる防御壁を築き簡単に上陸させないようにしている。

しかも、上陸できず船上にいた元軍を、朝・昼・晩・夜中・明け方を問わず襲ったりもしています。向こうはいつ寝てよいやら、わからなくなりますね。

また、2度目には、銅鑼《どら》や太鼓をガンガン叩きながらの集団戦法や、てつはうという爆裂弾への対策もそれなりにできましたし……。

こうして御家人が奮闘したこともあり、先に着いていた元軍・高麗軍（＝東路《とうろ》軍）は海上にとどまることを余儀なくされました。しかも、遅れていた南宋軍（＝江南《こうなん》軍）がやっと合流したと思ったら、たまたま大シケの嵐が直撃して、壊滅状態に陥ってしまいました。

そういう意味では、2度目の元寇も「神風が吹いた」といってもいいかもしれませんが、御家人がさまざまな手段で足止めさせておいたからこそ、吹いたともいえます。元軍を撃退したことは、日本人の精神状態をハイテンションにした、というのは有名な話です。元寇以来、「日本は神国、負けるはずがない」という意識を持つようになったのです。

平安時代後期から普及していた仏教の「末法思想」は、釈迦の死後2001年目以降はロクな世の中ではない、という思想。だから「死後に極楽浄土に行く」という、いわば現実逃避のような浄土信仰を信じる人が多くいました。しかし、元寇以降、日本人は後ろ向きな末法思想から解放され、前向きな「神国思想」が浸透していきました。

そしてそれは、ポツダム宣言受諾、すなわち敗戦（1945年）まで続きます。元寇をきっかけに、神道という宗教が本格的に確立したというプラス面もありますが、日本人は微妙な成功体験のせいで、「絶対に負けない」と思い込みすぎた。元寇にはそうしたマイナス面もあったのです。

私はいつも思います。「もし元寇に敗れていれば、日本人の国民性や日本という国家は、どのように変遷したのか」、と。いずれ『もし銅鑼を叩き攻める元軍が勝利していたなら（もしドラ）』という本を書きたいと思います。

Q39 日本のナショナリズムの起源は？

神国思想以外にもひとつ、元寇は日本人の精神面で大きなターニングポイントになりました。

元寇で、おそらく初めて「日本人であるという意識」をそれなりにもつようになったのです。幕府から朝廷の皇族・貴族にも報告されていたし、西日本の非御家人や庶民でもだいたい知っていたので、皆が団結して外国と戦い追い払った、という共通体験を得ました。

近代以降でいう、「ナショナリズム（国家主義）」が初めて芽生えたのです。これは、自国を最優先する思想のことで、オリンピックやワールドカップの時、「がんばれニッポン！」と盛り上がるのと似た感覚です。

そのナショナリズムが再び起こったのが、**安土桃山時代、16世紀末の豊臣秀吉の朝鮮出兵**です。

15世紀に始まる戦国時代以来、国内は戦乱でバラバラになっていました。人々は、自分の住む領地を「国」と思うような世界で生きていました。ところが朝鮮出兵によって、「我らは日本人なんだ」という感覚がよみがえってきたのです。

戦争には必ず功・罪があります。たとえば、多くの尊い命が犠牲になりますが、一方で国民の団結力が高まります。

ワールドカップなどは、ほぼ疑似戦争ですが、開催国でなければ基本的に功の部分しかないので素晴らしいイベントだと思います。「アルゼンチン対イングランド」がアルゼンチンで異様に盛り上がるのは、マルビナス戦争（フォークランド紛争）で負けた借りを返す、という感覚ですね。

もっとも、秀吉は国威発揚を狙っていたわけではなく、東アジア全体を支配しようと本気で考えていたにすぎません。信長も秀吉も、日本一になることになど目標を置いておらず、世界を目指していたのです。

従来の感覚では、日本で天下統一したら終わり、と思うはずですが、当時はキリスト教の宣教師を通じて地球儀が入ってきていました。

それを見た信長や秀吉は、実際に天下獲りに動くような性質の人間ですから、「一国家のナンバーワン」では満足できなくなる。そんな人は世界に何人もいます。特に秀吉は、日本の天皇と中国の皇帝を親戚関係にして、自身がその上に立つ腹積もり。まさに「ワン・アンド・オンリー」狙い。

朝鮮出兵も、もちろん朝鮮（李朝）を侵略したかったわけではなく、中国への道案内をさせようと考えたのです。というのも、当時の日本の軍隊は、世界有数の人数とパワーをもつ陸軍だったからです。その陸軍の規模や戦い方を活かそうと思えば、海からではなく、地上から中国を攻める必要がある。だからこそ、朝鮮半島を経由する必要があったのです。

戦争で最も大事なことは、兵員と食糧の補給です。とくに遠征においては、根性などの精神論ではなく、いかに補給ルートが確保されているかが、勝敗を分けます。朝鮮半島を利用できれば、明の首都北京まで補給ルートを確保できる、というわけです。

ところが、明を宗主国とする朝鮮には当然のごとく案内役を断られ、まず半島を攻略することになったのです。

また、なぜ秀吉が海外進出を目指したのかというと、野心のほかに、もうひとつ理由があります。国内政策が行き詰まっていたからです。

当時は封建社会ですから、主従関係は、あくまでも土地を媒介にしたテイク・アンド・ギブ（御恩と奉公）の関係です。ギブ・アンド・テイクではありません。秀吉が先に領地をテイクさせてあげるからこそ、大名たちは命がけの忠誠心や軍事負担をギブしてくれる。テイクがなければ平気で主人を乗り換える。これは西洋の騎士も同じです。

しかし、1590年に天下を統一してしまったことにより（＝国内に敵がいなくなった）、大名にテイクさせる新規の土地がなくなっていたので、これでは主従関係がグラつきます。

つまり、国内統一が完了した以上、国外に領地を広げていくしかなくなるのです。それは、現代でいえば衣料大手やコンビニが海外に事業展開するのと同じ。国内市場にとどまっていたら、いずれ行き詰まってしまうし、従業員の夢や就任ポストもなくなってきますね。私の主な仕事先である、リクルートの「スタディサプリ」も、数年前から積極的に、インドネシアやメキシコ、バングラデシュなど海外展開を進めています。

当時に戻りましょう。主従関係を維持し、大名たちを納得させるために、秀吉には対外進出しか残された道はなかったのです。

しかし、「文禄の役」（1592〜93年）と「慶長の役」（1597〜98年）という2度の朝鮮出兵は失敗に終わります。

この経験は、日本人にとって大きい。この敗北があったからこそ、次の天下人となる徳川家康やその子孫は、鎖国政策を展開し、改易《かいえき》・転封《てんぽう》・減封《げんぽう》処分や参勤交代など、平和な時代に、国内だけで大名たちとの主従関係を固めることのできる仕組みを構築していったのです。

第一章で述べたように、日本という国の完成形が江戸時代の幕藩体制・鎖国体制です。「ディス・イズ・ジャパン（これぞ日本）」といえるような体制を江戸幕府が構築できたのは、豊臣政権のトライ・アンド・エラーがあったからこそです。

もし朝鮮出兵で痛い目に遭っていなければ、江戸幕府もしつこく半島に攻撃をしかけていたかもしれず、265年続いた平和はどうなっていたかわかりません。とはいえ、侵略された側の朝鮮や明からすれば、大きな迷惑以外の何物でもなかったでしょう……。戦争には功・罪があるのです。

Q40 なぜ日本と朝鮮半島はこれほど仲が悪いのか?

戦後73年以上が経過した現在も、日本と朝鮮半島の関係は良好とはいえません。社会主義国の北朝鮮（朝鮮民主主義人民共和国）とはいまだに国交もありませんし、横田めぐみさんなど、日本人の拉致問題も未解決です。韓国（大韓民国）では、竹島問題や従軍慰安婦問題を中心に反日感情が長くくすぶっています。反対に、韓国を毛嫌いする日本人も、ヘイトデモを極端な例として一定数存在します。

そもそもなぜ、日本と朝鮮半島の二国は仲が悪いのでしょうか。

その理由は、前述した朝鮮出兵に求めることができます。秀吉の出兵によって「朝鮮（李朝）」は焼け野原になり、国力を大きく下げる結果となりました。また、中国への影響も小さくなく、当時の王朝である「明」の国力も落ちました。明は朝鮮を援助するために李如松《りじょしょう》将軍らの大軍を送り戦った結果、かなり疲弊してしまったのです。その隙をついた満州民族（もとの刀伊）は、「後金」という王朝をつくりました。これがのち「清」と改称し、明を滅ぼすわけですから、朝鮮出兵の影響は否定できません。

多くの日本人は「日韓併合」（1910年）が原因で嫌われている、と思っていますが、じつは、朝鮮の日本嫌いは、このように朝鮮出兵時のマイナスイメージにまで遡ります。

とくに朝鮮に対しては侵略戦争を仕掛けたわけですから、言い訳のしようがありません。戦果を日本の名護屋城（佐賀県）にいる秀吉に報告するため、武将や庶民の鼻や耳を切り落とし壺《つぼ》漬けにして送るなど、残酷な行為にも及んでいます。

ところが、江戸時代には、とくに軍事・外交的に利害が一致するわけでもないのに「（朝鮮）通信使」という使節団が、将軍の代替わりごとに朝鮮国王から派遣され、街道沿いでは日本の儒学者と文化的交流が行われるなど、良好な関係が保たれていました。これは世界史上で見ても奇跡的な関係です。

ただ、明治維新以降になると、征韓論や江華島《こうかとう》事件、壬午《じんご》軍乱や甲申《こうしん》事変といったトラブルを経て、日本は1910年に朝鮮（当時の国号は大韓帝国）を併合してしまいます。**近世の朝鮮出兵での仕打ちに加え、近代には日本領にしてしまった**のですから、恨まれるのも当然といえます。そもそも朝鮮半島は「恨（ハン）の文化」と言われるくらい過去に執着する面がありますし……。

Q41 中国や朝鮮半島が強気なのはなぜか？

そうした歴史を踏まえて、日本は中国や朝鮮半島と、どう付き合っていけばいいのでしょうか。

日本人がまず自覚すべきなのは、中国や朝鮮は日本に対して、自分たちが「父・母」もしくは「兄・姉」のような立場である、という意識をもっているということです。

地政学的にも文化的にも、たしかに中国は日本にとって父母のような存在です。そして、中国から日本への橋渡しをしてきた朝鮮が兄姉のような存在でしょう。歴史を見れば、古代の日本が中国や朝鮮から大きな影響を受けてきたのは、紛れもない事実ですから。

中国や朝鮮が日本を非難するのは、自分の子分、もしくは弟分や妹分だと思っていた日本に敗戦したり、支配されたことに腹が立つから、という側面があります。

さらに知っておくべきことは、日本は隣国と仲良くしないといけない、と勝手に思い込んでいる、ということです。たしかに日本人は、国内でも近くの集落の人たちと良好な関係を保とうとする傾向があります。

しかし、世界に目を向ければ、たとえば米英は、「隣国と仲良くしないといけない」という感覚はありません。「いつ攻められるかわからない」という緊張感の下に生きるのが当たり前だと思っている。

その一方、日本のように「知り合いとは仲良くしないといけない」「これもご縁だから」と思っている人たちがいるのです（本来、キリスト教の隣人愛もそのようなはずですが……）。

日本は隣国との距離の取り方が下手です。

根本的に中国や朝鮮半島には日本と仲良くしよう、という発想がそこまでありません。そもそも、地政学上、中国や朝鮮の人たちはそんなのんきな気持ちで生きてきていません。中国は、つねに北方民族が攻めてくるので、万里の長城を築いて防御してきたくらいですし。朝鮮もつねに中国や沿海州の脅威にさらされてきました。ずっと緊張状態で暮らしてきたので、隣国と仲良くしようという感覚が薄いのです。

ただ、それは異常なことではなく、世界基準から見れば、日本のほうがよほど変わっています。**日本は現在、正反対の発想をする国と仲良くしようと無理に接近するから、嫌われたり、揚げ足を取られたりする**のです。少し言い過ぎかもしれませんが「うまく距離を取る」という視点で、外交関係を一度考え直してみたほうがよいと思います。

Q42 なぜ日本はアメリカに従属したままなのか?

日本は中国や韓国、北朝鮮との関係に悩む一方で、戦後、一貫してアメリカに従属する関係を続けてきました。

なぜ、一度負けたからといって、日本はここまでアメリカの言うことを聞くのでしょうか。

日本には「和」の精神があります。日本のムラ社会では、共同体の中で仲良くしていくことが美徳とされます。歴史的に見ても、とくに攻撃的な民族でもありません。

イングランド王国とスコットランド王国が同じグレートブリテン島にありながら仲

が悪いイギリスと違い、日本はヤマト政権が統治してからこのかた単一王朝が続いています。天皇や公家も、承久の乱（１２２１年）のように、武家政権に抵抗して失敗したことは少々ありますが、基本的には幕府・将軍の権威を認定することによって地位や権威を維持する形をとってきたため、なかなか大争乱は起きません。

また、古代の蝦夷《えみし》（東北）や隼人《はやと》（南九州）を除き、仮想敵を設定して暮らしてきたわけでもないので、日本人の根本はやはり「和」です。

そういう国民性だからこそ、アメリカに従属する関係について反発する人も少数派です。国防はある程度アメリカに任せて、なるべく経済成長にいそしもう、という発想は、戦後日本の基本スタンスでした。戦争で負けたから、いつかアメリカにやり返してやるぞ、と思っている日本人はほとんどいないでしょう。

古来、日本には、「水に流す」という文化があります。色々あっても、どこかの段階で区切り、なかったことにしてしまう。そういう意味で、日本は世界から「鈍感」だと思われています。何か起こしても、水に流して反省するのを終わりにしてしまう。過去を責めたい他の国からすると、腹が立ってしょうがないというわけです。ただ、逆もあります。何か起こされても……。

このような日本特有の国民性から、2つのことが予測できます。

一つは、今後アメリカと戦争になることはないだろう、ということ。日本は太平洋戦争のことは、忘れはせずとも水に流しているから、今のアメリカに抵抗しようと考えません。向こうは日本人のこのような性質を、便利だと思っているはずです。

もう一つは、中国や朝鮮半島の二国からは嫌われ続けるだろう、ということ。隣国と適切な距離感をつかめないうえに、過去のことはどこかで区切り、水に流そうとしてしまう。これでは、国民性の違う中国や韓国、北朝鮮との関係が改善されることはなさそうです。

Q43 なぜ日清・日露戦争に勝てたのか？

近代以降の日本史を振り返ると、外国に日本本土を攻撃されたのは、太平洋戦争時のアメリカからだけです。よく考えれば、日本は太平洋戦争以外、負けていません。なぜ小さな島国である日本は、日清・日露戦争に勝てたのでしょうか。

そもそも、なぜ日本は幕末に植民地化されなかったのでしょう。当時のイギリスやフランス、アメリカやロシアといった列強と比べて弱かったはずの日本は、植民地化されていてもおかしくありませんでした。

これは、日本が幸運なことに、**列強各国は日本を攻めている場合ではなかった**のです。たとえばイギリスは、清における太平天国の乱とインド大反乱（セポイの乱）の対応に追われていました。アメリカでは南北戦争があり、ロシアではクリミア戦争が起きていた時期が、ちょうど幕末だったのです。

日清戦争（1894〜95年）についても幸運な面があります。満を持したデビュー戦である日本に対し、**清はそれ以前にアヘン戦争、アロー戦争、清仏戦争と3連敗を喫した後で、大きく国力が下がっていました。**日本の陸軍は最新の銃で統一された組織的な軍隊を持っていましたし、海軍は高速で俊敏な艦隊を保有していました。一方、清は旧式の銃と軍艦で、相手になりませんでした。

国論が統一されているかどうかも大きく影響しました。日本にとって日清戦争は、近代国家となって初の全国民参加型の対外戦争ですから、ナショナリズムが異様に盛り上がり、国論が完全に統一されていました。一方の清は、すでに3連敗していることもあり、国論は不統一。正直、一部を除き戦意喪失状態でした。こうした状況を考えれば、日本が清に勝ったのは必然と言えます。

では、日露戦争（１９０４～０５年）はどうして勝てたのでしょうか。

当時、日本の国力の約10倍を誇っていた大国ロシアに勝てたのは、**「カネとコネの力によるところが大きい」**とよく言われます。第一章で書いたように、日本は当時、国家予算２億５０００万円規模の国であったにもかかわらず、戦争予算として17億円を用意しています。国債発行と増税で調達した巨額の資金です。

とくにアメリカを中心に外国債の募集に成功したのが、一番の要因です。

これは当時、日本銀行副総裁だった高橋是清（のち総裁を経て首相）の手柄といえます。ニューヨーク、ロンドン、ベルリンで募集に成功しました。

他にも、日露戦争のキーマンがいます。諜報活動でロシアに革命の火種をつくった明《あか》石《し》元《もと》二郎《じろう》大佐も有名ですが、ここで紹介するのは金子堅太郎です。彼は日本初のハーバード大留学生としてアメリカに渡った人物です。金子はハーバード出身者のコネクションを使い、アメリカ大統領セオドア・ルーズベルトに接近。絶好のタイミングで講和会議をポーツマスで開いてもらうことに成功しました。

当時、日本やヨーロッパの列強は、中国に数々の利権を持っていましたが、アメリカは出遅れていました。１９００年前後、相互不干渉を提唱した従来の「モンロー主義」（＝孤立主義）を捨て、国務長官のジョン・ヘイが、「門戸《もんこ》開放」「機会均等」「領土保全」という〃極東三原則〃を打ち出し、中国に進出することを表明しましたが、時機を逸していました。

そんな時、すでに中国に進出している日本とロシアが戦争を始めます。アメリカは「仲裁に入ることで日露双方に貸しをつくっておけば、中国に利権を持てるチャンスだ」と考えたのです。そこで下心ありのレフェリー役を買って出たのです。

ロシアからしてみれば、日露戦争はまだ前半戦なのにレフェリーが割って入り、判定勝負になってしまったという感覚です。

日本の陸軍は奉天《ほうてん》会戦という、32万人（ロシア）対25万人（日本）の大激戦で勝ちましたが、相手を追いかける余裕もないくらいギリギリの状態でした。

一方、海軍は圧勝しました。東郷平八郎率いる連合艦隊が、日本海海戦でロシアのバルチック艦隊を打ち破ったのです。

しかし日本は、これら「前半戦」で17億円の戦争予算のうち、なんと15億円を使ってしまいました。「後半戦」を戦う体力は残っていなかったのです。長期戦になれば、大国であるロシアが勝つのは確実です。

ただ、ロシアは当時、前述したように革命の火種を抱えていたため、戦い続けるよりはソフトランディング（軟着陸）させたいと考えていました。ロシアは「賠償金を払わなくていいなら負けでかまわない。しかし、賠償金を払えというのなら戦争を続ける」という強気のスタンスでした。

当時のロシア皇帝はニコライ2世です。皇太子時代に観光で来日して、警備の巡査にサーベルで顔面を切りつけられた過去があります（1891年、大津事件）。その時の傷は残っていますから、正直、その恨みもあったはずです（あくまでも予想ですが）。

実際、ニコライ2世だけでなく、講和会議のロシア代表ウイッテも「日本は調子に乗ってる。戦争を続け叩き潰せ」と言っていたくらいですから、やはりロシアは日本が賠償金にこだわるのなら戦争を続ける、と考えていたのです。

そんな強気のロシア相手に、賠償金こそ取れなかったけれども、日本は北緯50度以南の樺太を割譲され、沿海州やカムチャッカなどの漁業権も獲得しました。当時、日本代表だった小村寿太郎外相（彼もまたハーバード大留学経験者）は、政治家・官僚の中で、非常に高い評価を得ています。

ところが、国民は小村寿太郎を「賠償金を取れなかったダメ外務大臣」と思い込んでいます。彼はポーツマス条約締結直後、アメリカで40度以上の熱を出して寝込みますが、講和条約反対の「日比谷《ひびや》焼討ち事件」のとばっちりで日本の自宅に石を投げられ窓ガラスが割れ、妻もノイローゼで寝込む、というさんざんな目に遭っています。それでも政界・官界でポーツマス条約締結の評価が高かったからこそ、彼は後年外務大臣に再任され、１９１１年には関税自主権を回復、条約改正を完全に達成することになるのです。

とはいえ、日露戦争の勝利は調達できたカネの力が最も大きかっただけに、借金返済のためにも、賠償金を取れなかったダメージが大きかったのも事実です。

Q44　なぜ日本は第一次世界大戦に参戦したか？

アメリカの仲介もあり、日本はロシアに辛うじて勝利することができました。しかし、現実には賠償金は1円も出ず、日本経済は大変な不景気になりました。「日本が勝利した最大の要因はカネの力だった」と書きましたが、借金や増税が原資なのですから、賠償金が取れないと大変な事態になるのは当然です。

日本は国債の利払いに追われ、不景気に陥りますが、このタイミングで、ヨーロッパで第一次世界大戦（1914〜18年）が起きます。ヨーロッパ、中国、アメリカの三カ所に飛ぶようにモノが売れ、一転、大戦景気が発生したのです。

では、ヨーロッパで起きた第一次世界大戦に、なぜ日本は参戦したのでしょうか。

答えは、**「漁夫の利、狙い」**です。

ただ、日本からすれば「漁夫の利」ですが、世界からは、大戦争の隙を狙った「火事場泥棒」扱いをされました。

「日本は日英同盟を結んでいたから参戦した」とよく言われていますが、それはあくまでも口実です。じつはイギリスからは「東アジア近海でドイツからイギリス船を守ってくれ」と言われただけで、「ヨーロッパの戦争に直接参戦してくれ」と促されたわけではありません。そもそも当時の日英同盟の範囲は、極東（東アジア）からインド（南アジア）までのみ有効です。日英同盟と、ヨーロッパの戦争は関係ないのです。

本来、**日本は参戦義務がないにもかかわらず、「勝ち馬に乗りたい」と日英同盟の友誼《ゆうぎ》を口実に、連合国側として参戦した**のです。そして、中国の山東半島にいるドイツ軍に宣戦布告し、サイパンやパラオなど南洋諸島のドイツ軍も攻撃しています。日露戦争でロシアに勝った日本が、ドイツの分隊に負けるわけがない。

結局、日本はヨーロッパが戦争で混乱しているうちに、山東半島の青島《チンタオ》という港湾都市を占領しました。そして、すぐに**「21カ条の要求」**（1915年）を中華民国の袁世凱《えんせいがい》政権に突き付けています。

袁世凱からすれば、驚きです。ドイツ軍に対して宣戦布告している日本が、当時は中立国の自分たちに何か要求するのはおかしな話です。「ヨーロッパ諸国の中国に対する影響が薄れている隙を狙った」ということで、日本は国際的な非難も浴びることになります。

しかし、結果として21カ条の要求のうち大半の部分はヨーロッパ諸国も渋々認めることになります。そもそも日本に参戦の口実を与えたのはイギリスですし、当時の日本はロシアとも良好な関係だったので、文句は言えなかったのです。

ただ、部外者のアメリカは黙ってはいませんでした。アメリカからすれば、ポーツマス条約締結時の仲介に対し、日本やロシアは十分に借りを返していない（アメリカの中国進出に協力しない）。そればかりか、日露戦後に両国が仲良くなりどんどん中国東北部に進出していることが面白くありません。だからアメリカは自らの参戦のタイミングに合わせ、特派大使・石井菊次郎をワシントンに呼び出して、国務長官ランシングが「これまでの利権は認めてやるが、これ以上調子に乗るな」と厳重注意、イエローカードを出しています。これが「石井・ランシング協定」（1917年）です。

アメリカの国務長官ランシングは、日本にクギを刺したつもりでしたが、日本は、「大して怒られなくてよかった。今回はセーフ」と、のんきに受け止めます。

この齟齬があとあと大問題になります。結局、日露戦争以降続くアメリカとの対立関係が、最終的に太平洋戦争につながるからです。アメリカは日本を「まるで信用できない」と断じ、そのイライラが募っていきます。

実際、日本は21カ条の要求の2年後から、欧米諸国の怒りを買うような行為をしています。

袁世凱が亡くなった後の中国は、群雄割拠状態になりました。軍閥の段《だん》祺《き》瑞《ずい》や張作霖《ちょうさくりん》、中国国民党の孫文《そんぶん》や蔣介石、中国共産党の陳独秀《ちんどくしゅう》や毛沢東などが頭角をあらわしてきたのは、この時期です。

1917年、日本は寺内正毅首相の私設秘書西原亀三《にしはらかめぞう》のルートで、1億4500万円もの大金を中華民国の陸軍総長だった段祺瑞に貸し出しています。これを**「西原借款《しゃっかん》」**といいます。段祺瑞がこの資金で武器を大量に購入したことによって、中国の内戦は一段と激しくなり、死者も増えます。

西原借款は、競馬の馬券にたとえれば一点買いです。「こいつが天下獲るだろう」と踏んだのです。さらに、カネを貸している強みから、段祺瑞を指導して第一次世界大戦にも参加させています。日本としては「うまくやった」と思っているわけですが、石井・ランシング協定でクギを刺したばかりのアメリカからすると、腹立たしい行為です。

アメリカは、日本をこれ以上調子づかせないためもあり、同年、第一次世界大戦に参戦します。それが決定打になり、イギリスやフランスなど連合国は、ようやくドイツやオーストリアの同盟国に勝つことができました。

しかし、結局、期待した段祺瑞が天下を獲れなかったため、日本が貸したお金は1円も返ってきませんでした。そのうえ、中国の内乱に油を注ぎ、その隙に中国で勢力を広げようとしていた日本の野心も明るみに出ました。

この時点で欧米列強には、日本が「中国進出に対する野心」がある、ということはバレバレになっていたのです。

もう一つ、欧米列強が日本を警戒することになった出来事があります。

まず、第一次世界大戦が終わる前にロシア革命（1917年）が起こりました。この時、社会主義の波及を阻止しようと、アメリカ、イギリス、フランス、日本が中心となり、列国でロシアの北アジア地域に**「シベリア出兵」**をしています。

ところが、社会主義革命は順調に広がっていき、1920年の段階で、皆あきらめて撤退します。そんな中、日本だけが残るという「シベリア進出に対する野心」がバレバレの政策をしています。日本は結局、その2年後まで居座り続け、北樺太も勝手に占領しています。

以上のように、21カ条の要求、西原借款、シベリア出兵……つまり、日本が「領土拡大に対する野心がある」と疑われる出来事が3つ続いたのです。結果、欧米諸国からの信用を日本は一気に失うことになりました。

「われわれ白人が大変な時、日本人は火事場泥棒をしている」と欧米の目には映ったのです。

日本はこのように嫌われた結果、第一次世界大戦後のドイツに対する戦後処理「パリ講和会議」「ベルサイユ条約」（1919年）が終わり、翌年に国際連盟も設立された後、ついに呼び出しを喰らいます。これが「ワシントン会議」（1921〜22年）です。

いまだシベリアに駐留し続けていることをアメリカやイギリスに非難されたほか、日英同盟を破棄され、「4カ国条約」というグループ交際に変更させられています。続けて石井・ランシング協定に代わる「9カ国条約」も結ばされ、勝手な中国進出にブレーキをかけられます。別件の話し合いでは中国への山東半島の返還を迫られました。さらに、建造力が伸び盛りなのに「ワシントン海軍軍縮条約」に調印させられ……。

第一次世界大戦後の世界秩序、国際平和体制のことを「ベルサイユ・ワシントン体制」といいますが、要はヨーロッパ方面でドイツを封じ込め（＝ベルサイユ体制）、アジア・太平洋方面で日本を封じ込める（＝ワシントン体制）ことを狙いとしたものです。

Q45 なぜ日本は第二次世界大戦へと向かったか

第一次世界大戦後、「ワシントン体制」の下でしばらく大人しくしていた日本でしたが、結果的に第二次世界大戦へと突き進んでいきます。なぜ、日本は戦争への道を選んだのでしょうか。

最も大きな要因は「財政難」です。

第一章で書いたように、第一次世界大戦後に戦後恐慌が起きて、その後も震災恐慌、金融恐慌、昭和恐慌が続き、経済状況が悪化していきました。

とくに世界恐慌後の不景気や財政難から脱出するために、日本やドイツ、イタリアのように植民地・占領地に頼れない国々は、イギリスやフランスがブロック経済圏を組むのに対抗し、自分たちも新たなブロック経済圏を組もうとします。

本来、経済状況がよければ、日本は戦争などする必要はありませんでした。**国が財政難に陥り、国民が不満を持っていたことが戦争への道につながった**のです。

1932年、「五・一五事件」が発生し、犬養毅首相が殺されますが、その背景には、不景気の連続に対する国民の不満がありました。結果の出ない政党政治に対し、世論が引き金を引いたテロ事件とも言えます。実際、実行犯たちへの助命嘆願運動が盛り上がったぐらいですから、「犬養は死んで当然だ」と国民は思っていたところがあります。

さらに、「東京朝日」「大阪朝日」「東京日日」「大阪毎日」という当時の四大新聞

（現在の朝日新聞と毎日新聞）も、世論の盛り上がりを背景に、戦争反対どころか推進の旗振り役に回っています。

結局、それだけ経済状態がよくなかったのです。その苦境を脱するために、1931年から満州事変を起こし、国際社会から孤立していく結果となります。

イギリス、フランス、イタリア、ドイツとともに国際連盟の5常任理事国の一つであるにもかかわらず、日本はイギリスの「リットン調査団」の調査発表の結果、1933年に国際連盟を脱退することになります。同年にはヒトラーのドイツも脱退しています。さらに1937年にムッソリーニのイタリアが抜けて、国際連盟の常任理事国はイギリスとフランスだけになってしまいました。

1936年には、ワシントン・ロンドン両海軍軍縮会議からも脱退し、国際社会から孤立していく状況の中で、日本はブロック経済圏を拡大して経済力を高める必要に迫られます。

そして、日本は中国東北部における**「満州事変」**（1931～33年）だけでは飽き足らず、続けて中国北部における**「華北分離工作」**を実行します。これが、1937年開始の**「日中戦争」**につながりました。

財政難を理由に仕掛けた戦争ですから、日本は中国を一気にノックアウトして、地下資源などを獲得する腹積もりでした。〝燃料〟を満タンにしたうえで、さらに北方のソ連や南方の東南アジアへの進出をねらっていたので、日中戦争は早く決着をつけるつもりだったのです。

ところが、日本は予想外に手間取り、日中戦争が終わらない状況のまま、同時に北方や南方への侵攻を始めます。そして、あちこち手を出しているうちにアメリカやイギリスとも戦うことを余儀なくされます。日中戦争を続けながら、同時にアメリカやイギリス、オランダとも戦わなければならなくなった。これが**「太平洋戦争」**です。

日本はさすがにソ連と戦争をして勝つ戦力はなかったので、結局、南方の東南アジアへ侵攻するしかありませんでした。しかし、南へ行けばイギリスの植民地であるビルマやマレーシア、シンガポール、フランスの植民地であるベトナムやラオス、カンボジア（＝フランス領インドシナ〔仏印《ふついん》〕）、さらにはアメリカの植民地であるフィリピン、オランダの植民地であるインドネシア（＝オランダ領東インド〔蘭印《らんいん》〕）があります。

このように、東南アジアを攻めれば欧米自由主義陣営の怒りを買うことになりますが、経済的な苦境を脱するためには、資源を求め南へ兵を進めざるを得なかったのです。結果、1941年に太平洋戦争が始まり、日本は自由主義陣営と、最終的には社会主義陣営のソ連も敵に回し、壊滅的な敗戦を迎えるのです。

Q46　なぜアメリカは日本を植民地化しなかったのか?

敗戦した日本は、実質的にアメリカの占領下に置かれますが、植民地にはなりませんでした。なぜでしょうか。

過去の世界を振り返ってみると、その理由が見えてきます。

世界恐慌が起きた1929年当時、世界は大きく分けて3つのグループに分けることができます。「植民地・占領地をもちブロック経済圏をつくれる自由主義陣営(=米・英・仏・蘭など)」「植民地・占領地をあまりもたずブロック経済圏をつくれない枢軸陣営(日・独・伊)」、そして、それらを眺めている「社会主義陣営(ソ連)」です。社会主義は計画経済で、世界恐慌の影響を受けることなく、傍観者でいることができます。

それゆえに、ソ連は世界のキャスティングボートを握っていました。どちらかのグループがソ連を味方に引き入れたら、もうひとつのグループはあきらかに苦戦します。もっと具体的にいえば、戦時中、社会主義陣営のソ連が最も有利な位置にいたのです。

結果的にソ連は自由主義陣営に付き、これが「連合国」でした。第二次世界大戦後、勝利を収めた連合国は、また自由主義陣営と社会主義陣営に分裂し、互いに核兵器をもっていることから、戦火を交えることなく、にらみ合うことになります。これを「冷たい戦争（cold war）」と呼びます。

自由主義陣営、西側諸国のリーダーであるアメリカは、東西冷戦を有利に進めるため、日本を非軍事化、民主化させ、二度とアメリカに逆らわないような国にすることが重要でした。日本をいわば「狂犬」から「愛玩犬」のような存在に変えることで、社会主義陣営、東側陣営のリーダー、ソ連の勢力拡大を防ぐ防波堤の役割を担わせることにしたのです。

ところが、アメリカの想定よりも、東西冷戦は激しさを増していきます。とくに1949年に社会主義の中華人民共和国が成立したことは、アメリカにとって大変な衝撃でした。しかも、ソ連はアメリカ同様に原爆や水爆を開発し、宇宙開発でもアメリカに先行していました。

そうなると、日本を非軍事化・民主化するだけでは不十分です。**きちんと独立させ、経済力もつけさせ、ある程度の軍事力をもたせることが防波堤として必要だと考えた**のです。

ただし、アメリカは日本に対する警戒心はもち続けていたので、核兵器は持たせませんでしたし、憲法第9条を変えることも許しませんでした。日本が本気で軍事化したら、いつまた「狂犬」として牙をむくかわからない、という警戒心を、今もアメリカは持っているのです。

Q47　第三次世界大戦が起こりえない2つの理由

第二次世界大戦後、東西冷戦などはありましたが、世界を巻き込む第三次世界大戦は起きていません。それには理由があります。

繰り返しになりますが、そもそも第二次世界大戦が起きた原因は、世界恐慌後、自由主義各国がブロック経済圏をつくり合ったことにあります。そこで、「ブロック経済圏を二度と組ませないように」という発想で生まれたのがＩＭＦ（国際通貨基金）です。経済危機に陥った国に対し短期で融資をする国際機関です。一方、戦後の各国の経済面での復興を援助するために設立されたのがＩＢＲＤ（国際復興開発銀行）です。「世界銀行」とも呼ばれる機関で、敗戦国や発展途上国に対して長期で融資をするのが目的です。さらに、ブロック経済圏をつくらせないために結ばれた協定が、ＧＡＴＴ（関税及び貿易に関する一般協定）です。「自由」「無差別」「多角」という3つの原則を守って貿易をする、という協定で、1995年にＷＴＯ（世界貿易機関）へと発展しました。この原則に従えば、ブロック経済圏はあり得ません。

ＩＭＦやＩＢＲＤがあれば「カネに困ったからブロック経済圏をつくろう」という発想にはならず、いざつくろうと思っても、ＧＡＴＴのちＷＴＯの三原則があるので無理です。この**「ＩＭＦ・ＩＢＲＤ・ＧＡＴＴ（現ＷＴＯ）体制」がブロック経済圏の形成を防いできたことが、第三次世界大戦が起きない要因のひとつとなりました。**

もう一つ、国連安全保障理事会の常任理事国である**五大国が互いに核兵器を持っていること**も、第三次世界大戦の抑止力になっています。

その後、1989年に東西冷戦が終わり、アメリカが「にらみ勝ち」を収める結果となりました。1991年にはソ連も崩壊し、後継のロシア連邦が自由主義陣営に加わり、現在、社会主義国は北朝鮮、キューバ、中華人民共和国、ベトナム、ラオスを残すだけとなりました。

しかし、冷戦が終わっても戦争はなくなりませんでした。実は、冷戦という二大イデオロギー（主義）の対立があるからこそ起きなかった戦いが、世界各地で起きるようになったのです。

冷戦が終わると、これまで抑えられていたはずの民族紛争や宗教戦争が勃発します。むしろ冷戦の時のほうが平和だったといえるほど、世界各地で紛争が続いています。それでも**「IMF・IBRD・WTO体制」と「核兵器」の存在が機能しているかぎり世界大戦は起きません。**

ただし、これらの抑止力が崩れるケースが２つ考えられます。

一つは、核保有国以外に核兵器を勝手に生産する国があらわれ、その国がまったく言うことを聞かない場合。たとえば「ロケットマン」北朝鮮が典型例です。近年では、イラン（今後核兵器を保有？）とアメリカの対立が激しくなっています。

もう一つは、国際社会がブロック経済圏をつくらざるを得ないような状態になった場合。昨今、ニュースでよく聞くＦＴＡ（自由貿易協定）やＥＰＡ（経済連携協定）、その一環であるTPP（環太平洋パートナーシップ）などは、ある意味、露骨なブロック経済圏です。そういう意味では、アメリカがTPPの離脱を表明したのは良かったのかもしれません。中国やロシア、さらに韓国も加盟していませんから、日本からすればTPPは、中国やロシアに対する経済包囲網でもあります。これは新たな対立の火種になりかねません。日本がアメリカとともに巨大経済圏を組んでいることは、中国やロシアにとってはおもしろくないはずですよね。

そもそもGATT、その後継であるWTOがきちんと機能していれば、TPPのような協定は結ばせない、という動きも出てくるはずですが、WTOは大所帯になりすぎて、2001年から開催の「ドーハ開発アジェンダ」は妥結されず、機能不全に陥っています。

このように「ブロック経済」と「核兵器」という2つの視点から世界情勢を見ていると、第三次世界大戦の危機が訪れているかどうかを察知することができます。

Q48 日本が「核兵器」に対して取るべきスタンスは？

日本は世界で唯一の被爆国です。しかも、広島、長崎、第五福龍丸（ビキニ水爆実験）と、3度の被爆を経験している特殊な国です。

２０１７年、ノーベル平和賞を受賞したＩＣＡＮ（核兵器廃絶国際キャンペーン）が、「核兵器の禁止条約に日本が参加しないのは被爆国としてどうか」と批判していますが、そもそも参加したら「アメリカの核の傘に守られている」という日米安保体制の前提が成り立たないわけですから、なかなか難しいのです。

本来、被爆国である日本のとるべきスタンスは「核兵器の全廃」です。ところが、日本こそが声高に主張できる立場であるにもかかわらず、アメリカの顔色をうかがって言えずにいます。ただ、具体的な行動に移すのは別として、「全廃」を声高に訴えたところで、アメリカもそこまで嫌がらないはず（＝オバマ大統領は、２００９年のプラハ演説で「核なき世界」を目指すと言っただけでノーベル平和賞受賞）ですが、日本は「核の傘に守られている」と思い込んでいるために声をあげられないのです。

「核の傘」といっても、その傘は骨組みだけで、現実問題として日本が守られているわけではありません。アメリカが自国への核攻撃のリスクを冒してまで、なぜ日本のためにボタンを押すのでしょう？　ありえません。北朝鮮から核攻撃を受けたら、普通に考えればやられっぱなしです。

国際社会には中央政府があるようでない（国際連盟は違う、強制力なし）ので、結局「やったもの勝ち」なのです。現実的に、五大国しか核兵器をもたない、という約束のはずが、インドもパキスタンも、イスラエルも北朝鮮も保有しています。なぜ誰も彼らを止められないのでしょうか？　さらに、イランも保有国になる可能性があります。止められるでしょうか？　どうやって？

だからこそ。

「核兵器の全廃」は東西冷戦がなくなった今だからこそ主張できます。東西冷戦の最中は、ソ連が日本に核兵器を撃ってくるリスクもありました。しかし、今は同じ自由主義国。さすがにその脅威は取り除かれています。

1954年の第五福龍丸の被爆のあと、円谷英二《つぶらやえいじ》が映画『ゴジラ』を制作しました。あの作品には、アメリカへの批判が込められています。ゴジラは核実験で目覚めた太古の怪獣という設定で、「水爆大怪獣ゴジラ」という触れ込みで公開されました。したがって、アメリカ人は「ゴジラ」がアメリカ批判であると知っているので、基本的にこの言葉を嫌がります。元メジャーリーガーの松井秀喜選手の「ゴジラ」という愛称も実は複雑な意味をもっているのです。

日本は必要以上にアメリカの顔色をうかがう必要はありません。

「アメリカ大好き」「アメリカと仲良くやろう」という姿勢を前面に出すよりも、もっと緊張感や気の強さをアメリカに示しておいたほうがいい。実際に戦争するわけではありませんから、気の強さを見せておいたほうがアメリカも認めるでしょう。

そもそも緊張感は国際社会や外交では必要なこと。「戦勝国アメリカといつまでも仲良く」という幻想はやめて、日本人も緊張感をもつべきではないでしょうか。

と、書いてはみましたが、私は27年前から長く日本史を教えてきて、本当にやりきれない気持ちになることが一つあります。

それは、「あの敗戦がなければ」「東京大空襲がなければ」「広島と長崎の原爆投下がなければ」、今の自分は両親から産まれていない、という圧倒的な事実です。何ということでしょう。こうして、このようなことを本に書くこともできなかった。何という不条理でしょう。

一分、一秒でも歴史が変われば、今の自分は生まれていない。だから結局、歴史は現状、いま、ここを肯定することからしか考えられない。だから私は、日本史や世界史だけでなく、政治経済や現代社会、地理、最終的には倫理を勉強するようになり、「社会科」全般の講師になったのです。社会科という教科の、すべての科目の著書を出し、同じ視点を提示し続けるつもりです。

Q49 もっとも外交的な成果をあげた首相は誰か？

さて、この章で最後の疑問です。

2018年10月、安倍晋三が自民党総裁選で三選を果たしました。長く首相を務めている分、外交分野でそれなりの存在感を発揮しています。

「え？　どこが？」と思われたかもしれません。

じつは、日本の顔である首相が長く変わらないことは、とても大事なことです。

1975年、第一次石油危機（1973年）の翌々年から毎年、サミット（先進国首脳会議）が開催されています。

毎年、国の代表が集まって話をするのに、日本だけいつもメンバーが違うようでは信用されません。実際、第一次安倍晋三内閣（2006年〜）から、「日本の首相と約束したけれど、1年後には別の首相になっている」ということが続いていました。たしかに、福田康夫内閣（2007年〜）、麻生太郎内閣（2008年〜）。民主党への政権交代があって、鳩山由紀夫内閣（2009年〜）、菅直人内閣（2010年〜）、野田佳彦内閣（2011年〜）。また自民党政権に戻って第二次安倍晋三内閣（2012年〜）。そして現在の第四次内閣まで続いているのです。

在任期間が長い首相のほうが外交的実績を出しやすいのも歴史的事実です。

日本の歴代首相でトータルの在任期間がいちばん長かったのは、桂太郎です。第11代、13代、15代と飛び飛びで三次にわたり首相を務め、日英同盟、日露戦争、さらに条約改正完全達成といった成果を出しました。

連続7年8カ月、三次にわたり首相を務めた佐藤栄作は、日韓基本条約、小笠原諸島返還、非核三原則、沖縄返還という実績があり、ノーベル平和賞も受賞しています。

回数だけなら、吉田茂は五次にわたり首相を務めています。サンフランシスコ平和条約締結による独立後、アメリカのカネで国防をしてもらい、その間に経済成長する。そんな戦後日本のしくみを築いたクレバーな首相です。アメリカは「してやられた」と思っているはずです。

皮肉なことですが、日本は本当にアメリカのお金で復興を遂げ、成長した国です。原資となったガリオア（占領地域救済政府資金）、エロア（占領地域経済復興資金）は、もとはアメリカ人の税金です。

広島と長崎に原爆を落とし、東京大空襲や沖縄戦で甚大な被害を与えたのはアメリカですが、一方で戦後の急速な復興を可能にしたのはアメリカが投下した資金だというのも事実です。何ということでしょう……。

感情論は抜きにして、私たち日本人は、アメリカから貸しがある、と思われていることも理解しておく必要があります。復興の恩を忘れ「米軍基地は出ていけ！」と叫ぶ日本人を見て、アメリカ人はどう思っているのか。さんざんアメリカのお金や日米安保体制を利用し、世界一の経済成長を果たしたにもかかわらず、貿易摩擦問題に米軍基地問題……。「なんてバカげてるんだ」。おそらくアメリカ人はそう思っています。

トランプ大統領が「日本はもっと米軍基地にかかるカネを負担すべきだ」と言っていますが、これはアメリカ人の本音です。

話がそれましたが、安倍晋三首相の強みは、長く総理大臣を務めているからこそ対外的な信用があり、実績も出しやすい、という部分です。

国際的に見れば、日本の固定リーダーですから、トランプ（米）ともプーチン（露）ともメルケル（独）ともメイ（英）ともマクロン（仏）とも、サシで話ができる。習近平（中）も、安倍首相だから対話に応じる。金正恩（北朝鮮）も「これだけ長く政権を維持しているなら話そうか」という気に、もしかしたらなるかもしれません。

実際、安倍晋三首相の実行力は抜群です。第一次内閣のとき、「何もしないで腹痛でやめた」と思っている人が多いのですが、実際には教育基本法を改正したり、防衛庁を防衛省に格上げしたりしていますし、国民投票法も成立させています。

第二次内閣以降も、良い悪いは別にして、安保法案やオバマ前大統領の広島訪問をはじめ実行力は発揮していますから、もはや官僚も、首相をコントロールできない状態です。

安倍首相は岸信介の孫で政治家としての出自はよいのですが、長男ではありません。しかも成蹊大学卒で、学歴が高いわけでもない。政治家になる前は神戸製鋼の社員でした。第一次内閣では体調不良の末、政権を投げ出した格好になったにもかかわらず、見事に復活を遂げて、自民党総裁連続三選まで果たした。

パートナーはじめ誰に足を引っ張られても、政権を守り続けている。そういう意味では、すごいパワーです。だからこそ、アメリカに対してはもう少し強気に出てもいい。ここまで強烈なリーダーシップを発揮できる首相は、そう誕生しない。

今の安倍首相の立場でできないなら、誰が首相になってもアメリカに対して強気には出られません。そこだけはせめて頑張ってほしいと思います。

第4章 深刻化する「少子高齢化」と「階級社会化」

Q50 日本の「少子化」はどこまで進んでいるか？

現代の日本は大きな課題を抱えています。「少子高齢化」「労働力不足」「格差社会」は、日本の三大問題と言うこともできます。本章では、これら3つの問題について考えていきましょう。

最初は、「少子高齢化」。

先に前提の話をしておくと、「少子高齢化」の話は、本来「少子化」と「高齢化」で分けて考える必要があります。2つは別の問題です。

「少子高齢化」という言葉でまとめがちですが、産まれてくる子どもが少ないのが「少子化」、65歳以上の老齢人口のボリュームが多くなるのが「高齢化」で、これらが同時進行で起きているからこそ、人口減や労働力不足にともなうさまざまな問題が発生しているのです。

まずは、少子化について考えるうえで印象的なエピソードから紹介しましょう。

2015年に公職選挙法が改正されて、18歳以上の男女も選挙権をもつことになりました。２０１６年の参議院議員選挙（＝参議院は半数改選なので「通常選挙」）、２０１７年の衆議院議員選挙（＝衆議院は全数改選なので「総選挙」）で実際に18歳、19歳の若者も選挙に参加しました。

では、選挙権が2歳若くなったことで、選挙人口は何％増えたでしょうか。かなり増えたイメージがありますが、実際は82％だった選挙人口が84％に増えたにすぎません。２％しか増えていないことも驚きですが、**18歳以上の人口が約84％を占める**という数字もショッキングですね。

終戦直後の１９４５年12月、公職選挙法で20歳以上の男女が選挙権を得ることになりましたが、初の衆議院総選挙の選挙人口比率は、わずかに50・４％。つまり、20歳未満の人口が約半分を占めていたことになります。

しかし現在は2割弱しかいない。少子化が進んでいるのは一目瞭然です。

Q51　なぜ「少子化」が進んだのか？

なぜ、これほどまでに少子化社会になってしまったのでしょうか。

まずは、戦後の歴史を振り返っておく必要があります。

1945年に太平洋戦争が終わると、1947年〜49年にかけて第一次ベビーブームが起きます。このとき生まれたのが、現在の〝団塊の世代〟です。戦争で310万人もの日本人が亡くなったことと、将来の経済復興を考えれば、積極的に子どもを産む必要がありました。人口が増えたほうが生産力は上がりますから。

第一次ベビーブームによって人口が急増すると、1970年〜73年にかけて第二次ベビーブームが起きます。このとき生まれた世代が「団塊ジュニア」。団塊の世代が結婚や出産の適齢期を迎えたことで、人口が増えていったのです。ボリュームの多い世代が子どもを産む時期になれば、人口が急増するのは当たり前の話です。

しかし、今、「少子化で大変だ」と大騒ぎしている人は、戦後という特殊な事情をきっかけに子どもが増えたことを忘れがちです。ベビーブームという特殊な要因で人口が増えていた時代と、現在の少子化の時代を比べることに無理があるのです。

少子化が進んだ直接的な原因は3つです。

一つめは、**個人主義が浸透し、価値観が多様化した**こと。

どこの国でも同じですが、経済的に豊かになると個人主義が発達し、人口が減っていきます。子どものために何かを犠牲にするのではなく、「自分自身の人生を大切に（好きに）生きよう」という発想になるからです。とくに日本は戦後、アメリカの価値観がどんどん入ってきたので、個人主義が発達していきました。これ自体は、悪いことではありません。

男女ともに晩婚化・非婚化が進み、今や男性の4人に1人、女性の5人に1人は生涯一度も結婚することはありません。将来的にはもっと独身率は高くなるでしょう。

2つめは、**アメリカから恋愛結婚という価値観がもたらされた**こと。

それまでの日本は、結婚は「家」同士がするもの、という発想から見合い結婚が多く、旧民法の「家」制度の定めにより、戸主（＝父）の許可がないと結婚できませんでした。

見合い結婚だと家の面子や体面があるので離婚はしにくい。本人たちも、好きで結婚したわけではないから、かえって別れる理由がありません。一方、恋愛結婚は好きで結婚したのだから、「好きでなくなったら別れる」という発想になります。そのため、現在の日本は、3分に1組のペースで結婚し、5分に1組が離婚しています。ちなみに、フランスはカトリック国で離婚はダメという価値観があるから、事実婚が多いのです。実存主義の哲学者、サルトルとボーヴォワールの「契約結婚」はとくに有名ですね。

3つめは、**子育てにカネがかかる**こと。

他の国もそうですが、国は豊かになると、社会の仕組みが複雑になり、社会に出るまでにトレーニングが必要になります。「青年期」が長引き、食べていくには複雑な知識や技術が求められる。つまり、教育費がかかるのです。とくに先進国で子どもを育てるためにはお金がかかるため、経済的な理由から子どもをあきらめる人も出てきます。

このように歴史を見ていくと、少子化が進む理由と、それを解決するための課題がはっきりしてきます。「少子化で大変だ!」とただ騒ぎ立てたところで、問題は解決しないのです。

Q52 「高齢化」は何が問題なのか?

次に、「高齢化」について考えていきましょう。

「高齢化で大変だ」とよく言いますが、そもそも「高齢化」という言葉の意味をきちんと理解せずに使っているケースがよく目につきます。また、医療技術の発達や、食料事情の改善により、昔に比べて長生きすることは、全然悪いことではありません。

社会科では、次のように定義されます。

14歳までが「若年人口」、15歳から64歳までが「生産年齢人口」、65歳以上が「老年人口」と言います。そして、総人口に占める老年人口の割合が7％以上だと「高齢化社会」、14％以上だと「高齢社会」、21％以上だと「超高齢社会」と呼ぶのです。

現在の**日本の老年人口は28％を超えているので「超高齢社会」**に突入しています。

もちろん、超高齢社会はさまざまな問題を引き起こしますが、当の高齢者のみなさんは、とても元気で若々しい。私は、東急イーライフデザインが展開する、ホームクレール世田谷中町というシニア施設の設立時から、「日本史の学び直し」の講座を担当していますが、みなさん本当に見た目が若々しく、オシャレです。感覚も若くて、いまだに恋愛問題で揉めてるんじゃないか、と思うくらいです。本当に素敵。

ひと昔前のおじいさん、おばあさんのイメージとは大きく違ってきています。

国民的アニメ『サザエさん』では、波平さんが何歳の設定になっているか、ご存知でしょうか。ビジュアルは相当高齢に見えますが、実は50代前半の設定です。よく考えれば、毛が薄くてもべつに白髪じゃないですよね。

奥さんのフネは、原作漫画では何と40代後半です。『サザエさん』が誕生した70年以上前は、50代前半と40代後半のカップルといえば、おじいさんというイメージだったわけです。

さらに時代をさかのぼりましょう。

江戸時代に誕生した昔話『桃太郎』に登場するおじいさんとおばあさんの年齢は、さていくつでしょうか。

山に芝刈りに行くおじいさんと、川に洗濯に行くおばあさんは、子どもができずに毎日悩んでいたという設定です。これは推測にすぎませんが、江戸時代の平均寿命の短さを考えると、30代後半から40代前半の可能性が高い（お互い60歳以上だと「子ができない」とは悩まないですよね）。15歳くらいで子どもを生むのが当たり前の時代ですから、この年代を高齢者として扱ってもおかしくはありません。

そういう意味では、もはやシルバー世代の括りを見直したほうがいいのではないでしょうか。現在は65歳以上を「老年人口」としていますが、現代の65歳は若々しく、仕事もバリバリこなしている人も少なくありません。

現在、女性の平均寿命は87歳で、男性は81歳を超えていますし、この平均寿命は、亡くなった乳幼児も入れた数字ですから、実際はプラス６年くらいで計算するといい。ですから、65歳時点からさらに20年以上生きるのはふつうです。

ちなみに、明治時代中頃の１８９１年～９８年までのデータでは、男性の平均寿命が43歳、女性が44歳でしたから、現代人は倍の人生を生きている計算になります。

今は、昔のように肉体的な限界がきたら引退するという時代でもありません。**65歳を超えても頭や五感を駆使して、生産性の高い仕事をすることは可能**です。ＡＩによる効率化も、高齢者が活躍する舞台を生み出すことにつながるはずです。

このようなことを言うと、「年金の支給年齢を引き上げることにつながる」と批判する人や、反対に年金の支給年齢を引き上げる口実に利用しようとする政治家や官僚も出てくるでしょうが、「高齢化で大変だ」と騒ぎ立てるだけの主張よりも、よほど有意義な議論ができると思います。

Q53 「生産年齢人口」の減少は何が問題か？

現代の日本では、「超高齢社会」が大きな課題とされています。しかし、問題の本質は、高齢者が増えることではありません。

繰り返しますがそもそも長生き自体、何も悪いことではなく、歓迎されることです。

問題の本質は、少子化がさらに進むことによって総人口が減り、生産力すなわち生産年齢人口が減ること。マスメディアなどで「高齢化が問題だ」と騒ぎたてることが、無用な世代間の対立につながっているように思えてなりません。

生産年齢人口の減少により生産力が低下する過程では、徐々に経済規模がシュリンク（縮小）するのでお金を稼ぐ人が少なくなり、納税額も減っていく。すると同時に、高齢者向けの社会保障費の負担がだんだんと重くのしかかってきます。この「過程」がしんどいだけであって、**人口減少や高齢化そのものが悪いわけではありません。**

現在、日本の総人口は1億2649万人（2018年）。人口減少のフェーズに足を踏み入れた日本は、このままだと2050年には9515万人になると予測されています。

　このような情報に触れると、どうしてもネガティブなことばかりを考えてしまいますが、適正な人口規模に戻る過程ととらえることもできます。近代化が進んだ日本は、急激に人口を増やしてきましたが、日本の歴史上、これほどに人口が膨れ上がったのは初めてのことで、現在の人口規模が異常という見方も可能です。

　そもそも日本は人口と比べて国土が狭い。欧米人から見れば、「こんなに狭くて、地震や津波、火山の噴火などの天災が頻繁に発生する土地に、１億人以上が住んでいるなんて信じられない」という印象です。「日本は人口が増えて当たり前」「経済的に豊かになっていくものだ」という、「右肩上がり」の古い固定観念を一度捨ててみることも、日本の将来を考えるうえで大切です。

Q54　日本の適正人口はどれくらい？

　では、適正な日本の人口規模とはどれくらいでしょうか。

　ざっと日本の人口の変遷について見ていくと次のようになります。

・奈良時代：500万人
・平安時代：610万人（推定）
・鎌倉時代：620万人（推定）
・室町時代：960万人（推定）
・江戸時代：3000万人
・明治時代：4000万人
・大正時代：6000万人
・昭和45年：1億人

奈良時代の500万人から徐々に人口を増やしてきた日本は、江戸時代に人口3000万人に達します。

江戸時代の幕藩体制・鎖国体制といえば、「日本の完成形」ともいえます。

さまざまな時代を経て、群雄割拠の戦国時代の末に生まれたのが江戸幕府です。そして、265年もの間、平和な状態が続いたのですから、日本の政治体制の完成形といっても過言ではありません。ただ、江戸時代は鎖国をしていたので、交易はそれなりにあっても、現代のグローバル社会と単純に比較することはできませんが。

幕末の開国をきっかけに、明治時代以降、世界と激しく交流するようになると、人口も急激に増えていきます。洋風の生活習慣（とくに食事）や西洋医療の導入、各種産業の発達などの影響で、総人口は4000万人に達し、大正時代には6000万人に達します。

それまで右肩上がりで伸びてきた人口も、昭和に入ると1931年開始の満州事変から1945年の太平洋戦争敗戦までの〝15年戦争〟期で、一時的に人口は減少することになりました。昭和時代前期は、戦争で亡くなった人や、台湾、朝鮮や満州、南洋諸島などの植民地・占領地に移住した人もいるので、適正人口を考えるうえでは、あまり参考にはなりません。

終戦直後の人口は7199万人。その後、太平洋戦争末期から終戦直後の「産めよ、殖やせよ」の人口増加政策がもたらす価値観の変化や平和の到来、戦後の復興や高度経済成長によって人口が急増していったのはご存じの通りです。つまり、戦後の人口増は、平和の訪れや急激な経済発展など特殊な事情が重なった結果といえます。

このような歴史を踏まえると、自然に考えれば、大正時代の6000万人程度、以後、自然に高齢化が進んだであろうことを考えても**7000万人程度が、適正人口だった**と結論づけることができます。

現在の人口減少は、人口7000万人の時代に戻る過程だととらえると、少子高齢化問題も見方が変わり、ポジティブな思考ができるのではないでしょうか。

Q55 なぜ「移民政策」は進まないか？

少子化や高齢化が進む「過程」で引き起こされる問題が、生産年齢人口の減少による「労働力不足」です。どのようにして不足する労働力を補填すればよいのでしょうか。

高齢者や女性労働力の活用などももちろんですが、解決策のひとつが、外国人の力を借りること、ですね。

ただ、大きな問題があります。それは、外国人労働者や移民が入ってくることを感情的に受け入れられない日本人が多い、ということです。

琉球民族やアイヌ民族、在日朝鮮人・韓国人の人々を除けば、大和民族はこれまで単一民族国家である、と意識して生きてきました。さらには、もともと鎖国をしていた歴史や島国根性が影響し、精神的ハードルが高いのです。外国人を受け入れなければ生産年齢人口が減少し、社会保障制度が行き詰まることをそれなりに理解しながらも、「多様化」する現実を受け入れられないという状況です。実際、**安倍政権も移民には反対の立場をとっています。**

私は現在、週に6日早稲田大学に通っているからわかるのですが、今の若者が多様化を受け入れるスピードは速いと思います。圧倒的に外国人慣れしており、「ハーフ（ダブル）は格好いい」という感覚ですし、国際結婚に対してもあまり抵抗はありません。コンビニのアルバイト店員には、日本人を見かけなくなったように日々の暮らしで外国人労働者を目にしないことなど、ありえません。

しかし、世代が上になるにつれて保守的になります。さらに、前述のように、東京などの都会は、ある程度グローバル化しているので許容度は高いですが、地方に行くほどよそ者に心理的な壁があります。

たとえば、2018年の東京・新宿区の成人式では、なんと成人の半分近くの国籍が日本以外でした。ということは、現在、新宿区の公立小中学校の生徒のかなりの割合が外国籍の子だと想定できます。こうした状況で、同区内に住む日本人は自分の子どもを公立学校に通わせることに心理的な抵抗はないでしょうか。実際、私立の学校に通わせる親も少なくないです。
このように着々と住民の多様化が進んでいる状況について、日本人はどれほど認識し、心構えができているでしょうか。観光客が銀座や秋葉原で爆買いし、地方都市を大量に闊歩している姿にすら嫌悪感を覚える人たちが、すんなりと外国人労働者や移民を受け入れられるとは考えにくい。グローバル化が進んでいるといわれていますが、まだまだ日本人の精神的なハードルは高いというのが現実です。

受け入れの是非を議論する前に、日本人はもっと（語学だけではなく）社会科の教養を身につける必要があります。

日本がどうして外国人の受け入れを進めようとしているのか、日本社会の現状も理解する必要があるでしょう。それらが不十分なままでは、外国人労働者や移民に対してのアレルギーはひどくなるだけです。

たとえば、日本政府は看護師や介護士の不足を解消するために、フィリピンやインドネシアから人を受け入れています。医療現場にかぎらず、外国人を雇用しなければ成り立たない業界や職業が現実的にたくさんあるのです。もし日本人の看護師や介護士だけでやっていこうと思えば、（人員と人権費の維持のため）国民の社会保険料の負担がますます重くなることでしょう。こうした教養が抜けてしまうと、「なぜ外国人の看護師に世話をされないといけないんだ」などとお門違いの不満を言う人が出てきてしまうのです。

Q56 日本人が外国人を受け入れたくないは本当か？

歴史的な観点からいうと、これまでも日本は「絶対に外国人を受け入れたくない」というスタンスではありませんでした。

これまで日本で生活し、日本人に必要とされた外国人はたくさんいます。有名なところでは、奈良時代の鑑真、江戸時代のヤン・ヨーステン、ウィリアム・アダムス（三浦按針《あんじん》）、シーボルト（地図泥棒でしたが）、明治時代のラフカディオ・ハーン（小泉八雲）などお雇い外国人たち、枚挙にいとまがありません。

唐の高僧である鑑真は、日本人僧2名から「日本に戒律を教えて欲しい」と請われて、海を渡る決断をしました。そして、5度失敗し、失明しながらも来日しました。また、日本の医学はシーボルトやベルツ、ホフマンなどドイツ人に学び、発展してきました。たとえば、いまだに「カルテ」という言葉はドイツ語ですし、ドイツ語ができないと医者になれない時代もありました。

また、オランダ出身のアメリカ人宣教師・フルベッキは東京専門学校（のち早稲田大学）を創設した大隈重信に長崎で英語を教えました。今の私を含む早稲田大学の出身者はフルベッキ先生に頭が上がらないはずです。

現代でも、野球やサッカーなどスポーツの世界で外国人選手が多くのファンを魅了し、その発展に貢献してきました。

「国技」とされている大相撲でさえ、外国人力士が席巻しています。彼らは大相撲を大いに盛り上げてくれていますし、横綱の白鵬や鶴竜がモンゴル人、大関の栃ノ心がジョージア人だからといって「辞めてしまえ」などとは大多数の日本人は思っていません。当然、稀勢の里や遠藤など、日本人力士に肩入れする気持ちはあるでしょうが、外国人力士も受け入れています。

昔も今も日本人は、自分たちにとって必要な存在であれば、外国人を受け入れてきました。そのうえで、野球やサッカー、大相撲のように外国人受け入れがルールとして決まっているのであれば、日本人の多くは納得します。

日本社会の現状や制度などを知らないから、外国人に対する過剰なアレルギーが発生してしまう。「移民まではさておき、労働者は今の日本にとって必要だから」と国民が納得することが労働力不足を解消するうえで必要なことなのです。

Q57 日本人のルーツはどこにあるか？

現代の日本人が外国からの流入に対して抵抗をもつ理由のひとつに、「日本は単一民族国家である」という前提があります。しかし、本当に単一民族国家と言っていいのでしょうか。

日本人のルーツを紐解いていくと、決してそうとは言い切れません。

古代の日本には、北海道のアイヌ民族、沖縄の琉球民族、南九州の隼人、東北の蝦夷などさまざまなエスニック集団が住んでいました。

これらの民族は、「古モンゴロイド」と呼ばれ、南方アジアからやってきた人たちです。特徴としては、彫りの深い顔、毛深い、がっちりとした体格、二重まぶたなどが挙げられます。いわゆるソース顔です。縄文時代まで日本列島に居住していたのは古モンゴロイド系でした。

一方、中国や朝鮮半島など北方アジアから稲作とともに入ってきた人たちを「新モンゴロイド」といいます。彼らは古モンゴロイドと比較して、顔の彫りが浅い、眉が薄い、細長い骨格、一重まぶたなどの特徴があります。現代でいう、しょうゆ顔です。

古モンゴロイドと新モンゴロイドの2つが混血したのが、現在の日本人なのです（近年は、諸説が出てきて、あまり強調して教えなくなりましたが……）。

ヤマト政権は新モンゴロイド系の王朝です。だから、現在の近畿地方に住む人にも新モンゴロイドの特徴が強い。実際、京都出身の私が関東地方に来て長年授業をしていると、教壇からざっと眺めて、古モンゴロイド系の特徴をもつ生徒が多い（はっきりした顔立ちが多い）と正直感じます。

また、稲作がさかんでなかった日本列島の北や南に行くほど、古モンゴロイドの特徴が色濃く残っています。沖縄や北海道、東北にはっきりした顔が特徴の人が多いのはそのためです（諸説あります）。

いずれにしても、古モンゴロイド（南方アジア人）と新モンゴロイド（北方アジア人）が混血したのが、現在の日本人なのです。そのように考えてみると、「単一民族国家」という価値観は揺らぎますし、現代の外国人問題を考えるうえでも、見え方が変わってくるのではないでしょうか。

Q58 なぜ格差が起きるか？

現代日本の３つめの問題点が「格差社会」です。

最初に理解しなければならないのは、日本は資本主義国なので格差が生じるのは当然だということです。「自由」で「平等」な社会を理想とする考え方もありますが、そんな社会は存在しません。極端な言い方をすれば、**自由なら平等ではなく、平等なら自由ではありません。**

資本主義のかなめである自由主義は、競争の自由や私有財産をもつ自由、契約の自由などを認めているわけですから、すべての人が結果的に平等になることなどあり得ません。資本家が自由に事業を営んで資産を増やし、好きな人を雇うことが認められている社会が自由主義であり、資本主義なのです。したがって、**格差社会になるのは当たり前**なのです。

「結果の平等」を求めるのは社会主義です。しかし、現在も残る社会主義国家は、中国とベトナム、キューバ、北朝鮮、ラオスのわずか5カ国。しかも中国とベトナムは、計画経済をあきらめ、市場経済すなわち資本主義経済を導入しています。思想的に社会主義国家であるだけで、この2国の実態はもはや資本主義国家です。

このように、一時期、資本主義を掲げるアメリカなどと覇権を争った社会主義（1991年にソ連解体）も、国連加盟国193カ国のうちわずか5カ国を残すのみです。

この事実は、「結果の平等」では人は頑張れない、ということが証明されたということを意味します。個人個人はまだしも、国家として経済発展や維持ができないのです。

いくら頑張って仕事をしてもサボってる人間と同じ給料しかもらえないのであれば、モチベーションが上がるわけがありません。野球選手の年俸が成績にかかわらず同じだったら、大相撲の力士の収入が番付にかかわらず一緒だったら、誰が厳しい練習や稽古に耐えられるのでしょうか？　「結果の平等」を求める考え方は、理想主義的で現実離れしすぎている、と私は考えます。

私にしても、予備校講師が全員同じ給料だったら、たぶん即日やめて違う職業に移ると思います。そんなのつまらないですから。

私はプロレスのリングアナウンサーもやっているのですが、選手に聞くまでもありません。もちろんレスラーのギャラは全員違います。商品価値が一人ずつ違いますから。逆に差をつけないと失礼にあたります。

一方、資本主義は「結果の平等」はありませんが、「機会の平等」は求めることができます。どんな家庭に生まれても、自分の才能や努力しだいでより大きな結果を得られる、というわけです。

しかし、昨今の日本は格差社会を超えて「階級社会」だとも言われています。生まれながらにして**「格差が固定」されてしまうことを「階級社会」**と言います。

格差社会では「機会の平等」はあっても結果に差はつきます。階級社会では「機会の平等」がないのでスタート時にすでに差がつき、その後、格差を縮めることが困難です。小泉純一郎内閣時の２０００年代前半、政策だけでなく人々の意識が「構造改革」「規制緩和」で自由競走に舵を切りすぎ、格差が大きくなり、階級社会になりつつある、というのが現在の日本社会です。

具体的にいえば、教育にかけるお金があるかどうかで、子どもの将来の経済力も固定されてしまいます。裕福な家庭の子どもほど高度な教育を受けることができ、年収の高い職業に就くことができるのです。

いかに「学歴社会は崩壊した」と言われようが、それが現実です。「学歴なんかいない」「大学なんて行かなくてもいい」と言っている方々を見てみてください。みなさん東大や早稲田・慶應などに入学されています。たしかに、学歴のない人が「学歴は必要ない」と言ったところで説得力はない、それも正論ですが、学歴のある人が「学歴は必要ない」と言うのはもっと説得力がありません。

本当は学歴なしで食べていくのがいかに大変か。わざわざ声高に「学歴なんかいらない」などと言わず「学歴だけじゃないだろう」と思っているのが、多数の人間なのです。言論の自由もあるし、現在その人たちは成功しているから何でも言える。これが自由主義・資本主義です。

わざと大げさに書きましたが、そういう意味では、「学歴なんかいらない」と言う人も、とても正しい、何も悪くありません。そのような言動に乗せられた側が悪いのです。すべては結果なのです。

Q59 日本は階級社会なのか？

新たな階級社会になりつつある日本の問題を考えるために、歴史を紐解いてみましょう。

日本は弥生時代以降、明治維新までずっと階級社会の国でした。

縄文時代までは、ほぼ貧富の差は存在しませんでした。狩猟・漁労・採集中心の生活で、農耕・家畜飼育をあまり行っていないことから、余剰生産物は少なく、貯蔵穴はあっても、そんなに入れる物もありません。縄文土器も貯蔵用ではなく煮炊き用でした。

田畑も重視されていないので不動産という発想もない。そのため、集落に指導者（リーダー）はいても支配者（ボス）はおらず、身分差や階級差などはなかったのです。

ところが、弥生時代になると稲作が入ってきて余剰生産物が生まれます。定住することで土地や水、青銅器、鉄器などが「資産」として価値をもつようになりました。そして、資産という発想が生まれたことによって、貧富の差が固定され、階級社会になっていったのです。その後、ヤマト政権の時代から江戸時代の終わりまで、ずっとこの社会は続いていきました。

階級社会が解消されたのは明治時代のこと。新政府によって「四民平等」を謳う身分解放令が発令され、名目上、（皇族を除き）人々は華族・士族・平民という違いはあっても、基本的には平等になりました。

しかし、現実的にすべての人が平等ということはあり得ません。階級に代わり、人を判断する新しい基準が生まれていきました。次の3つです。

①藩閥
②軍閥
③学閥

最初に重視されたのが**①藩閥**です。

明治維新の中心的役割を果たした薩摩藩や長州藩に加え、土佐藩や肥前藩の出身者(=薩長土肥)は、新政府でも高いポジションを得ることになりました。身分が低かった人たちが、階級制度が存在した江戸時代ではありえないくらい高い地位につき、官僚として活躍することができたのです。

次に重視されるようになったのが**②軍閥**です。日清・日露戦争に勝利すると、急速に軍部の発言力が増していきました。どこの藩の出身であるかも重要でしたが、それと同じくらい軍部内での地位が存在感をもつようになったのです。たとえば、ワシントン会議の首席全権の海軍大臣加藤友三郎《ともさぶろう》は広島藩出身でしたが、海軍の軍人として日露戦争などで活躍した経歴があったから、その後に首相まで昇り詰めたのです。

最後に存在感を増していったのが、**③学閥**です。

明治政府が誕生した当初は、藩閥が力をもっていたので官僚もコネでなることができました。「薩長出身者だから」という理由で高級官僚のポジションを得ることができたのです。

しかし、１８９４年から高級官僚の採用試験である「文官高等試験」（高文）が実施されるようになります。現在でいう「国家公務員採用総合職試験」です。１８９９年に文官任用令が改正され、この高文に合格しなければ高級官僚になれず、さらに文官分限令が発令され、現代につながる官僚の資格任用制（メリットシステム）がスタートしたのです。官僚は、政権交代があってもクビになりません。彼らは自力で資格試験に合格しており、政治家のように選挙で国民の付託《ふたく》を受ける必要がありません。

アメリカの猟官制（スポイルズシステム）と好対照です。民主党のオバマ政権から共和党のトランプ政権に交代した途端、官僚までトランプのお友達ばかりになりましたから……。

話を戻しましょう。これらのことから、学閥（学歴）が重視されるようになっていきます。東大や京大などの旧帝国大学卒業者のブランドが、価値をもつ時代になったのです。それに次いで、早稲田や慶應義塾などの有名私立や東京商業学校（現在の一橋大）、高等師範（現在の筑波大）なども一定の評価を受けています。

Q60 なぜ福沢諭吉は『学問のすゝめ』を書いたのか？

藩閥、軍閥、学閥……これらは一見、新しい階級のような印象を受けますが、実はそうではありません。ここで大事なのは、これらは本来、従来の封建的な階級社会を打破するためのものだったということです。

たとえば、明治維新の立役者である薩摩藩の西郷隆盛や大久保利通、長州藩の木戸《きど》孝允《たかよし》などは、藩士ではありましたが、高い身分ではありませんでした。しかし、藩閥により地位を上げることができました。つまり、藩閥はそれまでの階級社会に風穴を開け、平等を実現する手段だったのです。

それは軍閥も同じ。軍人として出世できれば、出身藩に関係なく高い地位を得ることができました。

学閥も同様です。**本来、学歴は平等を実現するための装置。出自に関係なく、頑張って勉強することによってチャンスをつかむことができるわけですから。**

福沢諭吉はそのことを誰よりも理解したうえで、『学問のすゝめ』を執筆しました。彼は、その中で「門閥制度は親の敵《かたき》でござる」という言葉を残しているように、身分制度に嫌悪感を抱いていました。

というのも、福沢の父は、中津藩出身の有能な学者だったにもかかわらず、下級武士のため能力が認められず、不遇の死を遂げたからです。父親が忸怩《じくじ》たる思いを胸に死んでいったことから、福沢は明治維新後に士族を捨て、平民として生きる人生を選びました。死後も親族が爵位を断っています。

こうした背景が、福沢に『学問のすゝめ』を書かせたともいえます。「志を立て、苦学して学問を身に付けることにより、世に出ることができる」と、「立志→苦学→出世」を説き、当時の若者に爆発的に読まれたのが本書です。何と、当時の出版事情と総人口なのにもかかわらず、累計３４０万部のシリーズとなりましたから。

明治時代、学問によって出世を果たした人に小村寿太郎《じゅたろう》がいます。宮崎県の飫肥《おび》藩という小藩の出身でありながら、成績優秀で大学南高（のちの東大）法学部に進学。文部省の海外留学生に選ばれ、ハーバード大学でも法律を学びました。だからこそ、彼のモットーは「正義（ジャスティス）」と「公正（フェアネス）」でした。

小村は、日露戦争後のポーツマス条約を締結したさいの外務大臣で、幕末以来の不平等条約も撤廃し、関税自主権の回復を果たしました。藩閥も軍閥も関係ない、学歴でのし上がった人物です。

1924年に首相に就任した加藤高明も学問で出世を果たした人物です。彼は東京帝国大学出身者として初めて首相に就任しました。しかも、普通選挙で勝つだけの人気をもちあわせていました。さらに、妻は三菱の創始者である岩崎弥太郎の娘。外務省の官僚時代に岩崎家に気に入られたことが結婚の重要要素となりました。学力ですべてのものを手に入れたと言っても過言ではありません。このように、本来、藩閥、軍閥、学閥はそれまでの階級社会を逆転するための装置として機能してきた歴史があるのです。

Q61 現代の「新・階級社会」をどう生きるか？

話を現代に戻しましょう。

藩閥と軍閥と学閥の3つによって、旧来の封建的な階級社会は打破されていきましたが、現代ではすでに藩閥と軍閥は存在しません。

鹿児島県出身や山口県出身で特別得をしたという話もあまり聞きませんし（もちろん京セラの稲盛和夫さんやユニクロの柳井正さんはすごいですが）、皇族制度は残っていても、江戸時代の公家や大名家に由来する華族制度は存在しません。太平洋戦争後、軍閥もなくなりました。

じつは、現在も平等を求められる装置として機能しているのは、学歴（学閥）だけです。ところが、その学歴や学校歴を得るために必要な教育を受けるには、親の経済力がモノを言うようになっている。お金がないと塾に通えない、優秀な学校に入れない、という世の中なのです。

つまり、スタートラインが平等ではない。陸上競技でたとえれば、親の経済力がない子どもはセパレートコースをハンデなしで走らされるようなものです。ふつうはアウトコースの子どもが前からスタートするはずなのに、親が裕福でインコースをずっと走る子どもと同じスタートラインに立たなければならない。同じスピードで走っても、どんどん差がついてしまう。まさに「機会の平等」が失われている状態です。高度な教育を受けた子どもは高学歴（大卒や院卒）、高学校歴（旧帝大や早慶）を手に入れてお金を稼ぐことができ、さらにその経済力は、親から子どもへと引き継がれていきます。「格差が固定されていくこと」が階級社会の定義だとすれば、今はまさに新しい階級社会ができあがりつつあります。

こうした格差の固定化を防ぐ方法のひとつとして、共産主義者は「相続税を100％にすべきだ」と主張しています。資産をすべて取り上げれば、全員が同じスタートラインに立つことができます。たしかに正論ではありますが、そのような社会では人は頑張れません。自分の子どもに資産を残してあげたい、できるだけの教育を受けさせてあげたいという思いが働く原動力の人も多いからです。それにお金持ちはすべて日本から脱出し、他国の国籍を取ることでしょう。

では、新たな階級社会となりつつある今の日本社会を、どう生きるべきでしょうか。これは現代日本における最大の課題です。だから戦中期の名著『君たちはどう生きるか』（吉野源三郎、岩波文庫）がまた読まれているのでしょう。カリスマ編集者、コルク代表の佐渡島庸平さんの見事な仕掛けで漫画化され大ヒット、２０１７年度に最も売れた本になりました。ちなみに吉野源三郎も佐渡島さんも東大文学部の出身です。

ひとつは、**自分に適した仕事を見つけて、がんばって働くこと。**

経済力と教育力による格差が存在し、固定的になってしまうのは事実だとしても、法的に定められた身分ではありません。江戸時代以前のように、努力しても上のポジションを得られないという本物の階級社会とは違います。私たちは自由主義の社会を生きているわけですから、スタートラインが不利でも身分が固定されるわけではありません。

もうひとつは、**「学歴は〝武器〟にはならない」と知ること。**

いまだに学歴や学校歴がモノをいう社会であるのは事実ですが、一方でバブル時代のように東大・京大や一橋、早慶を出ればそれだけで食べていけるという時代でもありません。「いい大学を出てもダメなやつはダメ」という時代です。そういう意味で、もはや学歴は「武器」とはいえません。「防具」という表現のほうが正しい。

では、何が武器になるのか。

それは教養です。歴史や政治経済、古典などを含めて、いかに社会のことを知っているか。グローバルで柔軟な思考ができるか。

そして最後に、英語や中国語などの語学力が、人生の可能性を広げてくれます。語学に加え、金融知識とプログラミングなどのデジタル知識が、現代の〝三種の神器〟と言われていますが、とくに語学は重要だと思います。語学は文化・教養でもあり、これを学ぶことで他者の理解につながりますから。

学歴は「防具」、教養は「武器」、語学は「翼」。特にこれから社会に出る若い人に、このメッセージが届くといい、と思っています。

第5章
歴史でたどる日本人的「空気」と「気質」

Q62 なぜ「女性活躍」は進まないか?

なぜ、日本は先進国に比べて女性の社会進出が遅れ、男女平等ではないと言われるのでしょうか。

前提として押さえておかないといけないのは、歴史的に見れば、外国も女性差別は激しく、日本だけ女性の登用が少なかったわけではないということです。問題は、変化するスピードが遅い点にあります。

日本が先進国よりも出遅れたのには2つ理由があります。

ひとつは、**日本の戦前の旧民法で女性は法的に「無能者」とされていたこと。**もうひとつは、**日本の近代女子教育の主流が良き妻、賢き母であれという「良妻賢母主義」だったこと**です。

アメリカやドイツ、イギリスなどは改革のスピードは速かった。たとえば、現代を見ても、イギリスではマーガレット・サッチャーやテリーザ・メイが首相となり、ドイツではメルケル首相が大活躍しています。政治にかぎらず、企業でも女性の登用が進んでいます。

近年、日本では小池百合子、稲田朋美、蓮舫、小渕優子らが政治家として脚光を浴びましたが、いずれも自爆に近い状態から失速しています。彼女たちを例に、「日本にはガラスの天井がある」などと批判する人もいますが、性別関係なく自爆した人たちをわざわざ例にあげてどうするのか、と思います。

実際、いかにも「男社会」である政治・外交の世界でも、天井を突き抜けて活躍する女性は存在しました。

社会党の党首だった土井たか子は衆議院議長にまで昇り詰めていますし、緒方貞子は国連難民高等弁務官を約10年間務めました。野田聖子も存在感はあるでしょう。ですから、女性活用が全然進んでいないと思い込むのも極端な考え方だと思います。

日本の歴史を振り返ると、政治の世界だけでも卑弥呼、光明皇后、北条政子、日野富子、淀殿、春日局《かすがのつぼね》など、女性が活躍した例は存在します。文化面では、清少納言、紫式部、出雲阿国《いずものおくに》、松井須磨子（新劇女優）、三浦環《たまき》（ソプラノ歌手）など。

ただ、江戸時代は儒学の影響で男尊女卑が激しかったのは事実です。そもそも鎌倉時代以降の武家社会は戦い中心ですから、体力で劣ることの多い女性の地位が低かったのは否めません。

しかし、それまでの日本は女性の地位はそれほど低くはありません。たとえば最も昔。神話の世界に遡れば、天照大神は女性です。単一王朝のトップである天皇の祖先が女神であることを、公に認め続けてきたのです。

最初に書いた、旧民法の下でも、活躍する女性はいました。与謝野晶子、平塚らいてう、市川房枝らは、女性の意識の変化や権利の拡大に多大な功績があります。また、良妻賢母主義ではない教育者として、津田梅子や羽仁《はに》もと子。どんな状況であれ、必ず人材は出てきています。

イギリスでは、エリザベス一世、ビクトリア、エリザベス二世の3人の女王の時代は穏やかな治世だったと言われています。日本でも、たとえば温泉旅館で絶対的な権力をもっているのは館主ではなく大女将。銀座のクラブも、仕切っているのは黒服の男性ではなくママです。現代の日本は変わっていくスピードが遅いだけ。今から変えていくという気概をもっている女性は必ずチャンスをつかむことができるはずです。

Q63 日本人が不倫に厳しいのはなぜ？

昨今、有名人の不倫が世間を賑わせています。日本人はよく「不倫に厳しい」と言われますが、歴史的には、日本人は性的にはかなり奔放です。

古代には、「歌垣《うたがき》」という行事が定期的に開催されていました。これは、一種の乱交パーティーで、山奥広場に集まった男女は、その日にかぎり性的に自由に振る舞うことが許されていました。これは近親相姦を防ぐためでもあり、歌垣の文化が集落を維持することにつながってきたという歴史があります。

戦前までは夜這《よば》いの文化もありました。童貞男子の最初の相手が未亡人だったということも、ドラマや小説の話ではなく、ごく普通にありました。

今の価値観から考えると、日本人は相当、性に奔放だったといえます。不倫に関しても、本来それほど厳しくない国民です。日本が高度経済成長の絶頂期にあったとき、田中角栄首相に愛人がいたことなど皆が知っていました。しかし、誰もそんなことは気にしなかったのです。

なぜなら、国民の生活が潤っていたからです。ところが、第一次石油危機（197

3年）に狂乱物価状態になると、それをきっかけに金脈問題がクローズアップされ、愛人問題についても叩かれるようになりました。生活への不満、経済的な不安の矛先が愛人問題に向かったわけです。

アベノミクスによって、現在はなんとなく景気がよいという雰囲気になっていますが、実際トリクルダウンは起きず、**人々の暮らし、経済のフラストレーションは溜まっています。それが不倫に対する厳しさにつながっているだけ**で、本当のところ、日本人は不倫にはそれほど厳しくないです。自分の暮らしがよければ、他人のプライベートな問題まであげつらうような精神性になりませんから。不倫バッシングが厳しい時は、どう取り繕おうが景気は悪い、という指標になるのではないでしょうか？

ただし、**不倫問題には男女差はあります。**

戦前の日本人に「マネースキャンダル」はありましたが、女性がらみの「ラブスキャンダル」は存在しませんでした。そもそも江戸幕府の将軍には大奥があり、愛人が何人いても何の問題にもなりませんでしたし、商家の主人も妾《めかけ》を囲っていました。ところが、大奥の女性と歌舞伎役者との間のスキャンダル、「絵島《えじま》・生島《いくしま》事件」（1714年）は、関係者1400人が罰せられた大事件となりました。政治がらみではありますが、女性は不利でしたね……。

ちなみに、戦前の刑法に「姦通《かんつう》罪」はありましたが、手錠をかけられたのは妻と浮気相手の男だけでした。夫は浮気しても（民事事件の対象にはなっても）刑事事件にはなりません。今も女性タレントや政治家が不倫をすると、とことん叩かれますが、男性タレントや政治家が不倫をしても、そこまで叩かれません。これも、男性の不倫に甘いという伝統が残っているからなのです。

Q64 なぜ急速に離婚が増えたのか？

第4章でも触れましたが、**戦後に離婚が急増した原因は、アメリカが恋愛結婚の概念を持ち込んだからです。**

恋愛結婚が持ち込まれる前の時代は、基本的に結婚は家と家がするものでした。ですから、戸主である父親が反対する場合は、あきらめるか、駆け落ちするしかなかったのです。

歴史的に見れば、平安時代の『伊勢物語』の中には「男女が駆け落ちをして結局、女が連れ戻された」という有名な話があります。源義経と静御前《しずかごぜん》もそうです。静は白《しら》拍子《びょうし》（遊女に近い）なので側室にすらなれませんから、どうしても悲恋になります。

北条政子の例もあります。平治の乱に破れた後、源頼朝は罪人として伊豆国に21年間流されていましたが、頼朝を見張る役人の娘が「結婚したい」と言うのですから、父の北条時政は当然仰天したはずです。その反対を振り切って2人は結婚し、政子は「尼将軍」と呼ばれるまでになるのですから大した女性です。

江戸時代の近松門左衛門の人形浄瑠璃・歌舞伎の脚本『曽根崎心中』も、醤油屋の手代《てだい》徳兵衛と遊女お初は結ばれず、心中します。

近代では、平塚らいてうが森田草平《そうへい》という若い愛人と付き合った末、心中未遂事件を起こして大ニュースになっています。「若いつばめ」もここで初めて使われた言葉です。

彼女たちはあくまでも例外で、個人同士の恋愛という関係は一般的ではありませんでした。恋愛結婚は一般的ではなかったのです。その証拠に、古代・中世には、結婚しても女性の姓はそのままでした。聖武天皇の妻は藤原光明子（光明皇后）、源頼朝の妻は北条政子で、源政子ではありません。足利義政の妻は日野富子で、やはり日野姓のままです。

かつて男性と女性の家は基本的に互いに独立している格好で、姓だけでなく女性の実家の財産も女性が引き継いでいました。しかし、中世・近世になり、武家社会が長く続くと、女性が実家を出て、嫁入りすることが普通の価値観になります。それとともに女性の自由がだんだん失われていくことになります。

というわけで、戦前は見合い結婚が多く、好きという理由だけで結婚しているわけではありませんでした。家同士が計算づくで結婚しているわけですから、子どもができないなど、予定違いの理由がないかぎり、離婚する理由は簡単には見つからないのです。

ところが、ＧＨＱが持ち込んだ恋愛結婚の場合、好きで結婚しているわけですから、「好きでなくなったから離婚する」という発想が生まれてきます。「格差社会になったから離婚が増えた」と言う人もいますが、それは違い、「結婚が減った」要因だと思います。そんなことより、身もフタもないかもしれませんが、「恋愛結婚が持ち込まれた」という前提を見過ごしてはいけません。

Q65 「夫婦別姓」はなぜ日本では受け入れにくいか？

日本では夫婦別姓の議論がなかなか進みません。

歴史の視点から見ると、原因は、昔の日本を美化する保守派の人たちが一定数いるからです。簡単に言うと、「保守・右翼」とは「現在の問題の解決は過去にある」という考えですから、昔からの慣習をプラスととらえています（＝復古主義）。それに対し「革新・左翼思想」は、「現在の問題の解決は未来にある」という考え。「日本という国家や日本民族独自のよさを取り戻すべきだ」と考えている（＝国家主義・民族主義）保守派の人たちは、日本民族のこれまでの慣習を踏襲しようとします。夫婦が同じ姓を名乗ることも日本の美点だと考えるのでしょう。

では、どうして日本の昔を美化する人が多いのでしょうか。

その理由は、第一次世界大戦までは、日本はアメリカと並び、世界で最も乗っている国の一つだったからです。日清戦争と日露戦争に勝利した日本は、第一次世界大戦にも参戦して戦勝国の一員となります。第二次世界大戦に負けるまで、ずっと勝ち続けてきました。「ディス・イズ・ジャパン」ともいえる江戸時代の繁栄を経て、明治期には近代化にも成功し、不平等条約を改正して欧米列強に肩を並べました。

このような過去の成功体験が、今につながる保守派の考えを培ってきたのです。

また歴史から離れ一般的に考えてみましょう。子どもの立場からすると、夫婦別姓になったとき、兄弟でバラバラの姓を名乗れば混乱するという問題もあります。また、一人っ子の場合、父母のどちらかだけ違う姓になり、家族の連帯感が薄れる可能性も。

ただ、実際に職場では旧姓で仕事をしている人はたくさんいますし、それを全企業に認めさせることまでは、ほとんどの人が反対しないと思います。ただ、民法まで改正するという話になったとき、**歴史的な考えと一般的な考えを合わせ、根強い反対意見が噴出してくる**のです。

Q66 「家族と同居」が一般的なのはなぜ？

日本では、「家族は一緒に暮らす」のが常識とされています。しかし、別居婚を実践してきた私からすると、疑問を感じてしまいます。「一緒に住まないといけない」から結婚率が上がらないのではないかと思っているくらいです。

実際、「今の生活のスタイルを崩したくないから結婚できない」「自分の生活に土足で踏み込まれたくない」などと言う人がいますが、本人たちさえ幸せに暮らせるならバラバラに住むという選択があってもいいのではないでしょうか。

大きなハードルは、二重生活だとお金がかかるという経済的問題です。それさえクリアできれば、悪い選択ではありません。今の時代、家が離れていてもスカイプやLINEがあるので、心理的な距離は縮めることができます。いっしょに住むことでケンカして口もきかないくらいなら、距離をとっていたほうがよほど健全なコミュニケーションができるかもしれません。

高校生や大学生たちに別居婚の話をすると、多くが「理想だ」と賛同します。自分の趣味についてごちゃごちゃ言われたくないでしょうし、「一緒に住む女性の匂いに耐えられない」という仰天発言をする二次元が好きな男もいます。近くにいたいなら、同じマンションの上下階に住み、いつでも会える距離を保っておくといいよ、と言っておいたら納得していました。

ただ、先日のゼミ合宿で、調子に乗って皆の前で「結婚後2年間、妻は僕の住んでいる家を知らなかった」と本当のことを言ったら「それはないわ」「変すぎ」とドン引きされたので、以後は黙っておくようにしたいと思います……。

さて、歴史の観点からいえば、古代の貴族社会では、自分の家をもち、妻の家に通うスタイルでした。中世の武家社会では、戦いに出ていることが多かったので、その間はずっと別居状態でした。その流れもあり、江戸時代の参勤交代は別居を前提としています。大名は2年のうち1年は妻子と離れて暮らしていました。

「夫婦は常に一緒に住まなければいけない」という固定観念が生まれたのもまた、戦後にアメリカから一夫一婦制の恋愛結婚が持ち込まれた結果です。見合い結婚の時代は、夫が外で愛人をつくったとしても、子どもができて生活費さえ入れてくれれば、何をしていてもいいという感覚でした。これが「家」制度の下での「良妻賢母」の姿です。正直、書いていて「こりゃ駄目だな……」と思いますが、実際そうだったのです。

Q67　なぜ日本人は自己主張しないのか？

近年、「忖度《そんたく》」という言葉が流行りました。日本人は、忖度ばかりして、自己主張しないと言われますが、本当でしょうか。

哲学者・倫理学者である和辻哲郎が著した『風土』には、日本は「モンスーン型」

であるという分析が出てきます。インドや中国を含めた東アジアに特徴的な精神風土で、暑気と湿潤な自然風土が、そこに暮す人々を受容的で忍耐強くさせる、と述べられています。

さらに、地震や火山の噴火、台風など突発的な災害が多い日本の国民は、昔からあらゆる自然災害に耐え忍んできたと言えます。たとえば、震災や豪雨のさいも、おいおいと泣き叫んだり、パニックになったりする人が白人社会やイスラム社会に比べると断然少ない。日本人は嘆き悲しむことよりも、今できることを粛々とやるところに特徴があると言えます。

東日本大震災の時は、首都圏の住民が東京から黙々と自宅まで歩いて帰る姿や、ホテルや民間施設が無償で帰宅難民を助ける姿を見て、世界中の人々が仰天しました。「日本人は世界最高ランクの民度」などと評されますが、そもそも自然風土が日本人の精神風土や民族性を培ってきたのです。

日本人は全体の和を重んじます。山がちで平地が少ないため、集落の住民が力を合わせて稲作を行う必要があります。だから、村の和を乱す人間を許さない。「ウチら」という言葉を、いまだに女子高生が使っているほど、日本人の心の中には内と外を分ける精神性がしみついているのです。田舎に行くほどその傾向は強くなります。

大都市に住んだことがない人が「都会は冷たい」とよく言いますが、全然そんなことはありません。住めば解りますが、お金さえある程度あれば、都会ほど温かい場所はありません。地方出身者が肩を寄せ合い、気を遣い合いながら暮らしている、とても優しい場所です。

反対に、田舎は来訪者や観光客に対してはめっぽう優しいですが、いざ一緒に暮らすとなると、「よそ者」として排除する傾向もあります。何カ所も田舎に暮らしたことのある私は、特にそれが悪いことだとも思いませんが……。溶け込めば逆にとても居心地もいい。要は、冷やかしが嫌いで、覚悟がある人が好き。

我々もそういうことを解ったうえで、大都市・地方都市、田舎など住む場所を選べばいいと思います。

私たち日本人は、明治以降の近代思想、さらに戦後アメリカの思想が一気に入ってきたので、「自己主張するほうがよい」と刷り込まれてきていますが、必ずしもそうとは言い切れません。

日本人に染みついた「忖度」の精神は、そう簡単には取り除けません。「忖度」の精神が最も強くあらわれているのは私の出身でもある京都で、「人間には裏表がある。言わなくてもいいことは言わない」という考え方があります。

「忖度」自体は、日本人として決して悪いことではないはずです。戦後、アメリカナイズされた考え方がもちこまれたから、「口がうまい」と批判されがちですが、そもそも日本人の思想の歴史的背景をたどっていけば、忖度は道徳的な行動ともいえます。


そもそも日本人は、宗教教育がないまま道徳が備わっている珍しい国民です。以前の5千円札の肖像にもなっていた新渡戸稲造は、若い時から、この事実について当惑していました。外国に留学したときに、「神道や仏教をベースにした道徳の授業があるのか？」と尋ねられたとき、「いいえ、ないです」と答えたところ、みんなきょとんとしてしまったというのです。外国人から「宗教を利用せずに、どうやって道徳を教えるのか？」と問い詰められ、本人もずっと答えが出なくて悩んでいたそうです。

そんな新渡戸稲造は、病気で体調を崩してアメリカで療養をしているとき、日本人の道徳心を支えている日本人のスピリッツの正体に気づきました。それが「武士道」

です。

新渡戸が書いた『武士道』は、当時ちょうど日清戦争に勝利し、日本が世界から注目されている時期だったので、英語やドイツ語、フランス語に翻訳されて大変なベストセラーになりました。

のちにアメリカの大統領になるセオドア・ルーズベルトは、『武士道』を読んで感銘を受け、親戚一同に配るために数十冊購入したとか。だからこそ、彼は日露戦争後のポーツマス条約で仲介役を買って出たと言われています。もちろん、利害関係はあったでしょうが、『武士道』を読んで、「日本人はすばらしい精神を備えた民族だ」と評価したからこそ、わざわざレフェリー役に名乗りを上げたのだとも考えられます。日本人の道徳教育の根底には武士道が流れていて、「忖度」もその延長線上にある。その点についても理解したうえで今の日本を見ていく必要があります。

Q68 なぜ日本人は日本を出たがらないのか？

近年、日本人が海外に出たがらず、地元から動かないという傾向があります。歴史的に見れば鎖国体制の影響もあるかもしれませんし、地政学的に見れば島国ですから、どうしても内向きになりがちです。

しかも、日本は治安がよくて清潔で、あらゆる面で恵まれています。そういう意味では、**あえて日本から出る必要がない**のです。安全で満足に食べられるという状態だと、難しいことを考えたり、新しいことにチャレンジしたりすることが面倒くさくなります。けっして日本人が「臆病者」というわけではなく、日本で生活していれば満足できるわけですから、わざわざ外へ出ていく必要はないのでしょう。よい点をいえば、嫉妬しなくもなりますし。

もっとも、日本史を振り返れば、地域のコミュニティから抜け出して、大成した人はたくさんいます。

その代表格が、前述した新渡戸稲造です。岩手県盛岡で生まれた新渡戸は、東京外国語学校を経て、「少年よ大志を抱け」で有名なアメリカ人のクラークが教頭として初年度だけ赴任した札幌農学校の二期生として入学しています。ちなみに、キリスト教思想家の内村鑑三も同期です。

二期生なので新渡戸も内村もクラークに習ったことはありませんが、先輩たちは皆クラークの教え子です。新渡戸は彼らから勧誘されてキリスト教の洗礼を受けて、さまざまなキリスト教に関する書物を読みあさるようになります。周囲から「モンク（修道士）」とあだ名されるほど勉強に励んでいます。

しかし、彼は書籍を読みすぎて目の病気になり、結果的にうつ病を患います。それでもなんとか卒業し、しばらくは北海道で働いていましたが、その後、東大に入学。その際、面接で口にしたのが「われ太平洋の橋とならん」という言葉です。当時、世界を股にかけて活躍する日本人はいなかったので、まわりはほとんど理解できなかったといいますが、その後、新渡戸はまさに言葉通りの活躍をしています。

そして、アメリカのジョンズ・ホプキンス大学に私費留学した際には、のちにアメリカ大統領になるウッドロウ・ウィルソンのそばで学んでいます。新渡戸はのちに国際連盟の事務局次長になりますが、このときの縁がきっかけです。

このほかにも新渡戸は東京女子大の初代学長を務めたほか、前述した世界的ベストセラー『武士道』を書き上げるなどの活躍をしていますが、その輝かしいキャリアのスタートは盛岡から上京し、アメリカに渡ったことにあります。

新渡戸のほかにも、明治維新の前後、海外へ出た人物はたくさんいます。

伊藤博文や井上馨《かおる》はイギリスまで密航した「長州五傑（長州ファイブ）」の一員で

すし、初代文部大臣・森有礼《ありのり》や実業家・五代友厚も薩摩藩から海外に渡っています。同志社の新島襄《にいじまじょう》にいたっては死刑覚悟でアメリカへ密航しています。クラークを日本に紹介したのは新島ですから、新島のおかげで札幌農学校が開校し、新渡戸が学んだことを考えると、いつの時代もアクティブな人たちは、どこかで皆がつながっていることがわかります。

海外には行っていませんが、坂本龍馬のように脱藩することで明治維新に大きな役割を果たした人もたくさんいます。激動の時代の中、日本人全員がアクティブだったわけではありませんが、龍馬たちのように地元を離れて外の世界に飛び出していった人たちのパワーがあったからこそ明治維新は実現し、日本は近代国家になることができたのです。

Q69 なぜ日本人は「内向き」と言われるのか？

ここまで日本人はアクティブだった、という話をしました。ではなぜ今、日本人は「内向きだ」と言われるのか。歴史を振り返ってみましょう。

私は、2018年現在、講師やリングアナの仕事のかたわら早稲田大学教育学部の

3年生として毎日通学していますが、春や夏の長期休暇中に国内旅行に行く学生はあまり見かけません。むしろ、驚くほどサクっと近場の海外（中国・台湾や東南アジア諸国）に出かけています。聞けば、「下手に国内旅行するより安いんで」と言うのです。

結局、長期留学していたら就職で不利になるのではないか、などの不安から長期間海外へ出ることをためらっているだけで、心理的に海外への抵抗感はないと思います。安全面を考え、危険地域へのバックパック旅行を避けたり、「インド一人旅」「世界一周」などの実践者が先人に多すぎてレア感がなく、そこまで魅力を感じていないこともあげられます。

実際、昔の学生と比べて国境の壁はかなり低い。たとえば、早稲田大学では全学生の1割以上が留学生。2004年に新設された国際教養学部では、2年の秋学期から3年の春学期まで、1年間の海外留学が卒業要件になっています。

そもそも日本人は、根本的に内向きの性格ではありません。江戸時代の鎖国体制下で染みついた「島国根性」のイメージが強く、視野が狭く閉鎖的な面が強調されているのかもしれませんが、決して排他的な民族ではありません。

紀元前1世紀〜紀元3世紀、すなわち弥生時代中期〜後期（諸説あります）。

中国から「倭（おチビさん）」と呼ばれていた当時は、「日本」という語もなく、国境の意識はありません。たとえば、九州から見れば関東や東北などは知らず、朝鮮半島のほうが距離的に近い。『漢書』地理志や『後漢書』東夷伝、『魏志』倭人伝に見られるように、半島を通じて小国や地域連合国家（邪馬台国連合など）が中国の王朝と交流したわけですから、極端な話、九州を半島とひと括《くく》りで考えていてもおかしくありません。

そして、日本人は新しいもの好きで、模倣が得意です。たとえば、6世紀の古墳時代後期には、宗教も受容する懐の深さがありました。仏教をはじめ、儒教や老荘思想（道教）も入ってきました。宗教は本来、民族精神の根本部分を支えるものであるにもかかわらず、ヤマト政権はこれらを受け容れたのです。

その背景には、日本が「八百万《やおよろず》の神」の国であることが関係しています。これは、縄文時代以来の自然崇拝、いわゆるアニミズムが発展したものです。アニミズム（精霊崇拝）とは、自然界のあらゆるものに霊魂（アニマ）の存在を認め、畏れ敬う信仰です。だからこそ富士山（静岡県・山梨県）や三輪山（奈良県）のような円錐形の美しい山や、夫婦岩《めおといわ》（三重県）や各地の磐座《いわくら》など奇岩も崇めます。

　そもそも私たちが「神道」と呼んでいるものは、一般的な宗教の定義に当てはまりません。宗教にはふつう開祖や教典・経典が存在しますが、神道にはともになく、仏教の伝来時も、「異国の神が増えた」という程度の認識でした。

　のち、奈良～鎌倉時代にかけて仏教が普及していったのは、大らかな「神の国」という土壌があったからこそ。

　このように古来、日本人は内向きな性格とは限りませんでした。

　現代社会においても、日本人が新しいもの好きであることは変わりがありません。たとえば、京都といえば、「和食を食べる」イメージかもしれませんが、じつはパンとコーヒーの消費量が日本一。「朝ごはん」ならぬ「朝ごパン」がスタンダードで、私の実家もそうでした。そして、王将の餃子や天下一品のラーメンは中国風。「和」のイメージの強い京都ですらそうであるように、日本人は新しいものを受容してアレンジすることに抵抗感がないのです。和食の名店でも平気でゼリーやシャーベットが出てくるし、寿司や天ぷらもカウンターに洋装で座りビールと共に楽しむ。この姿こそが日本人なのです。

意外に開放的、というかある意味のんきな日本人の性格は、古代の都市計画にもあらわれています。

平城京や平安京といった首都に城壁が築かれなかったのです。首都に限らず、現代でいう県庁所在地的な意味のあった、各国の国府にも城壁がありませんでした。外敵の侵入に常時さらされている中国やヨーロッパでは、信じられないことです。

いくら周囲を海に囲まれた島国とはいえ、首都に城壁がないことはリスクです。事実、地中海のクレタ島で栄えたミノア文明は、紀元前1400年頃にギリシャのアカイア人に滅ぼされましたから。もちろん要因は一つではありませんが、もっとしっかりと城壁をつくっておけば……。こうした都市計画のあり方にも、ユルい国民性を垣間見ることができるのです。

Q70 「島国根性」が培われたのはいつ？

元来、日本人は新しいものや物まねが好きですが、一方で「島国根性」という言葉があるように、閉鎖的な一面をもちあわせているのも事実です。

日本の島国根性は、江戸時代の鎖国政策で培われました。先述したように、意外と海外との交流はさかんでしたが、閉じるところは閉じていたわけですから、閉鎖的で身内意識の強い国民性も育まれていきました。

その典型が京都。先ほど京都の人は新しいものが好きだという話をしましたが、一方で、今も排他的で閉鎖的な面が残っています。京都の「一見《いちげん》さんお断り」は有名ですね。長く通ってくれる常連さんを大事にするのは商売のあり方の一つであって、決して観光客に意地悪しているわけではないのですが、これも京都の閉鎖性を物語る好例です。

私自身、京都市内で18歳まで育ったからよく解るのですが、自分を「京都人」とはなかなか名乗れません。両親が京都出身で、今も中京区に実家はあっても、私は、父方の祖父が福井県、母方の祖父が石川県出身ということもあり、「生粋《きっすい》の京都人としては認められへんわな」などと、自ら思ってきました。また、心情としては「上京」でも、京都の大学に行かず東京に「東下《あずまくだ》り」しましたから、とてもとても……。だから2018年の春、京都市から『京都をつなぐ無形文化遺産』のPR動画を撮るお話を頂いた時、「やっと、自分も京都人だと認められた」「故郷は離れたけれど頑張ってきてよかった」と本当に嬉しかったことを覚えています。

無形文化遺産がらみの話を少ししましょう。

東京の神田祭、大阪の天神祭と並ぶ「日本三大祭り」の一つである祇園祭《ぎおんまつり》は、室町時代から長く京都に住む人のものと言えます。1467年に発生し、11年間にわたって続いた応仁の乱の後、1500年に町衆の力で復活した祭ですからね。京都では、「この前の戦争」といえば、太平洋戦争ではなく応仁の乱、と言われることがあります。半分冗談ですが、祇園祭を仕切る人たちにとってはあながち冗談でもありません。

このような京都人にとって、「京都」というのは、あくまでも京都市の一部を指していて、たとえば伏見区や山科区といったエリアは歴史的にも違う町だし、京都とは思っていない。ましてや近郊の宇治市や亀岡市に至っては、住民自らが京都出身ではない、と自覚している面があります（ということは山間部の福知山市や、天橋立《あまのはしだて》のある宮津市たるや……）。

そして……、などと出身地を語り出すと止まらなくなるのでこの辺にしておきますが、今も日本に残る閉鎖性や身内意識のニュアンスが、これらの文脈から伝われば幸いです。

Q71　日本人は本当に勤勉な国民なのか？

近代以降、欧米人から日本人は「勤勉」「働きすぎ」とよく言われます。たしかに、現行の労働基準法に定められた「週40時間」は、先進国のなかでも長いほうです（フランスは35時間、ドイツは38時間）。

ただ歴史を振り返ってみると、**昔の日本人は私たちが思うほど勤勉ではありません。**

たとえば、江戸時代の「武士」。武士は、幕府・藩という中央・地方政府に雇われていたのですから、今でいう〝公務員〟です。将軍の家臣である旗本・御家人が国家公務員だとすると、大名の家臣である藩士は地方公務員にあたります。政治・外交・軍事・裁判などの公務は、これら人口の1割にも満たない武士が独占していました。

そして、当時の〝公務員〟は、なんと1年の半分が休みです。武士の世界には「月番交代」という言葉があり、1カ月勤務したら次の1カ月は休み。尾張藩士の朝日文左衛門が書いた『鸚鵡籠中記《おうむろうちゅうき》』という日記を読むと、元禄期（5代将軍徳川綱吉の頃）の武士が、だらだら過ごしていることがわかります。

武士は家柄により石高が決まる、つまり仕事ぶりに関係なく収入が決まるので、努力は関係ない。しかも、戦国・安土桃山期と違い平和で戦《いくさ》もなく、出世のチャンスがない。労働意欲の湧きようがありませんね。

そして、人口の数%しかいない朝廷の「皇族・貴族」は、武士に実権を握られているのでさらに暇でしょう。寺院の「僧侶」も、そもそも全国民が仏教徒で、寺請《てらうけ》制度の下で檀那寺《だんなでら》と檀家《だんか》は固定され、宗派ごとの競争も発生しないので活力なし。神社の「神職《しんしょく》」に至っては、決まった年中行事の日以外は、ほぼ開店休業状態の占い師……。

では、人口の8割近くを占めていた「農民」は、どうでしょうか。自然に左右される手間のかかる農業をしていれば、どうしても休みは少なくなります。日本人が勤勉というより、どの国でも農耕民がそれなりに勤勉なのは当たり前です。また、武士から重い年貢も課されていますから、サボるわけにはいきません。

ただ、私たちが思うほど働き詰めなわけではなく、休みはあります。農閑期や盆・暮れ・正月に加え、年間20日間くらい「遊び日」と呼ばれる日があり、農家はいっせいに休んでいたのです。

「遊び日」をめぐり、農民が代官を相手に「日数を増やしてほしい！」と訴えて一揆を起こすこともありました。おもしろいのは、ルールを破り勝手に仕事する家があれば、皆でその家をいじめたりする。こうして強制的に休みを設定し、村内で連帯感をつくる、ということもしていたのです。

本当に勤勉といえるのは、人口の１割程度の「町人」すなわち職人と商人でしょう。雨が降れば大工は休みになり、海がシケのときは魚屋が休みになることはありますが、商人は、ほとんど休まなかったと言われています。

とはいえ、農民とは違い重税はかかりませんから（ほぼ無税）、その点だけは気楽といえば気楽だったでしょう。

以上のことから、江戸時代の日本人は、そこまで勤勉とはいえない。それ以前の時代でも、日本人は「農民が多いのでそれなりに勤勉だった」だけです。

そんな日本人に明治時代以降、政府の「富国強兵・殖産興業」政策により「欧米列強に追いつくぞ！」という意識が芽生えたことは大きい。そして、日清・日露戦争に連勝して「脱亜入欧」を果たした日本は、第一次世界大戦でも戦勝国側についたことで調子づき、最終的に第二次世界大戦に敗戦して焦土となります。

敗戦後、国民一丸となり「民主化」と「高度経済成長」を達成し、貧困を完全に脱出する過程で、労働と消費が美徳となり、だからこそ勤勉になっていったのです。

Q72 なぜ新年とクリスマスを一緒に祝えるのか？

日本人は年末にクリスマスを祝いケーキを頬張ったかと思えば、大晦日には除夜の鐘をつき年越しそばを流し込みます。新年には神社へ初詣に出かけ、帰宅後に命がけでモチを食べます。日常生活の中に神道と仏教、キリスト教が同居しています。

日本人の無宗教は、ホテルのビュッフェ（バイキング）みたいなものです。自分が食べたいものを食べたいときに食べたいだけ食べているという感じです。クリスマスにはキリスト教をお皿に盛って、大晦日は仏教、初詣には神社を盛る。**宗教のいいところ取りをしている人が多いのが日本人の特徴です。**

日本は少なくとも宗教においては排他的ではありません。なんでも吸収する懐の深さは、日本人として誇りに思っていいでしょう。皇室を例にとっても、美智子さまはカトリックの聖心女子大を卒業していますし、日本で初めての本格的な政党内閣をつくった原敬もクリスチャンです。元首相の石橋湛山《たんざん》は日蓮宗の僧で、立正大学の学長でした。神道にしても、戦前は「国家神道」として力を持っていましたが、今は「神社神道」という、神社本庁に所属する宗教の一つにすぎません。

キリスト教のハロウィンも宗教的な意味にはこだわらず、雰囲気が楽しくたまには仮装したいから恒例行事になっているにすぎません。バレンタインデーや節分の豆まきや恵方巻きも食品ビジネスの側面が強いイベントです。

しかし、歴史的には他宗教に対して非寛容だった時代があります。江戸時代のキリシタン弾圧です。

キリシタンの弾圧には背景があります。先述したように、江戸幕府が治めた時代は、群雄割拠の戦国時代を経て「ディス・イズ・ジャパン」とも呼べる統一日本ができあがった時代です。江戸幕府は上下関係のピラミッドを明確にすることで日本を統括していきましたが、キリスト教は「神の前では平等」という教義。キリスト教を認めてしまえば、江戸幕府の前提が崩れてしまうから排除せざるを得なかったのです。

しかし、実際には日本人とキリスト教の親和性は高く、1582年に15万人だったキリスト教信者は、17世紀前半には70万人まで急増しています。想像以上に信者が増えたことによって、徳川家康は危機感を覚えました。若いときに一向一揆に苦労させられた記憶が頭をよぎったのです。「命を捨ててもかまわない」という宗教的な団結に恐れを抱いたことも、弾圧につながったと考えられます。

江戸時代は、キリスト教だけが弾圧されていたわけではなく、日蓮宗の不受不施派《ふじゅふせは》も禁教になっています。不受不施派は日蓮の教義である「法華経」を信仰しない者から施し（布施）を受けたり、施しをしないことを徹底した宗派。法華経を信じない幕府の人間の言うことは聞かないというわけです。

つまり、江戸幕府の基本的スタンスは、「幕府の言うことをちゃんと聞いていればどんな宗教でも認める」というものでした。神道は幕府に逆らわなかったから生き延びたのです。

Q73 なぜ、日本人は無宗教なのか？

「日本には、無宗教の人が多い」とよくいわれます。たしかに、他の国に比べて特定の宗教を信じている人は少ない。そういう意味では、「無宗教の人が多い」と言えます。

ただし、「本当に無宗教なのか」と問われると、必ずしもそうとは言い切れない。歴史的にいえば、日本人は昔から無宗教だったわけではありません。**江戸時代は全国民一人残らず仏教徒だから**です。「寺請制度」という江戸幕府が宗教統制の一環として設けた制度が存在したため、将軍をはじめすべての人が仏教徒だったのです。ただし、日蓮宗の不受不施派以外であれば、宗派は自由に選ぶことができました（地域により多少の制約はありましたが）。

江戸時代の仏教は国教であり、国民を管理するためのシステムでもありました。江戸時代の人が所属していた寺を「檀那寺」といいますが、その寺から寺請証文が発行されます。要は戸籍の一種で、村ごとに1つの檀那寺に入ることになります。すべての人が家単位で必ずどこかの檀那寺に所属するわけです。

寺院にその檀徒（檀家）であることを証明させた帳面のことを「宗門改帳《あらためちょう》」と言います。この宗門改帳と、どこに何人住んでいるのかをあらわした「人別《にんべつ》改帳」の2つが合体したものが「宗門人別改帳」です。これがいわば江戸時代の戸籍です。

寺院の制度はピラミッド型で、「檀家と檀那寺」という構造になっているほか、「本山と末寺《まつじ》」の本末制度も存在しました。たとえば、浄土宗だと知恩院が「総本山」、港区芝公園にある増上寺《ぞうじょうじ》が東日本の「大本山」で、その下にたくさんのお寺と国民が所属していました。そして、寺院を管轄しているのが「寺社奉行」です。そう考えると、将軍直属の寺社奉行が全国民を管轄していたのです。これはとても大事なポイントです。

江戸幕府は、中央集権のように見えて、じつは地方分権型の政権でした。奈良時代や平安時代の律令国家体制と違って、幕府の法度に背かない限り各大名に自治を認めていました。しかし、実際には全国民が寺社奉行に管理されていた。ここに江戸幕府の強さがあるのです。地方分権のように見えて、将軍は寺社奉行を通じて国民全員を管理していたのです。

明治時代になると、1873年以降は宗教の選択は自由になります。というのも、欧米列強から日本は半文明国の扱いを受けていたからです（欧米は世界を「文明国」「半文明国」「未開国」の3つに分けていました）。

開国した日本は文明国をめざしていましたが、キリスト教を弾圧し続けていたら欧米列強が許しません。そこで、キリスト教の扉を開くと、同時にいろいろな扉が開いたのです。そうして仏教以外を信じる人もあらわれます。

明治政府は本来、神道を国の宗教にしたかった。これを「神道国教化政策」と言います。キリスト教を解禁する前に「大教宣布《たいきょうせんぷ》の詔《みことのり》」を出して、今度は「神道が国の宗教」と宣言したことで、「廃仏毀釈《はいぶつきしゃく》」といわれる仏教排斥が始まりました。たくさんのお寺が叩き壊されたり、仏像が壊されたり、教典が焼かれたりしました。海外に仏教関連のお宝が流出したのもこの時期です。

しかし、日本人長らく信仰してきた仏教から離れることは難しく、神道国教化政策は失敗に終わります。これが失敗したことでキリスト教も解禁になったのです。

ここで、大日本帝国憲法で頂点に立っている天皇を神格化しないといけないという事情から「国家神道」という言葉が生まれます。初代天皇が奈良の橿原《かしはら》神宮に祀られている神武天皇であり、その大もとは伊勢神宮の内宮に祀られる天照大神であることを根拠とし、神格化を図っていきます。

そのため、国家神道ではない普通の神道は、新宗教扱いになります。教派神道という13派だけ政府は認めましたが、その代表が天理教や金光《こんこう》教、黒住教です。そのほかに公認されない神道系の新宗教もありました。その代表格が大本《おおもと》教です。

ところが、戦後ＧＨＱによって「国家神道」が破壊され、教育勅語もなくなります。天皇は１９４６年の元旦から人間宣言までさせられて、残ったのが今の「神社神道」、要は神社本庁です。

日本人は本来、いずれかの宗教に入信していることが当たり前でした。しかし、明治時代以降いろいろな思想が入ってきて、キリスト教に転向する人もいれば、意識しないまま仏教徒であり続けた人もいます。

そして、現代では無宗教の人が大多数だとされています。しかし、宗教に近いものは数多く存在しています。たとえば、ディズニー好きもパーナ（ジャニーズのNEWSのファン）も、一つのものに入れあげているという点で、一種の宗教みたいなものです。声優ヲタクも、歌舞伎ファンも、阪神ファンも浦和レッズファンも共産党支持者も、マヨラー（マヨネーズ好き）も同様です。

そもそも日本の神道は、もとをたどれば宗教ではありません。開祖もいませんし、教典もありません。本来は自然崇拝です。それでも、日本人にとっては、心のよりどころとなれるのです。そういう意味では、宗教以外のものが宗教と同じような存在になることは、日本人にとって何ら不思議なことではないのかもしれません。

Q74 なぜ日本人はタトゥーを嫌うのか？

世界的にはタトゥーを入れるのはめずらしいことではありませんが、日本では有名人がタトゥーを入れていることが判明すると、ちょっとした話題になります。たいていはネガティブな反応です。

なぜ日本人はタトゥーを嫌うのでしょうか。

歴史的な視点からいえば、かつて「彫り物を入れる」こと（入れ墨）は罪人の証でしたから、今もそのイメージが残っていると考えられます。現代になってから、やくざがブランディングの一環として彫り物を入れたこともあり、日本人の中には「彫り物＝前科者」という意識が強く根づいているのです。

そもそも彫り物を入れることは、「一般人に後戻りはできない」という決意を示したものです。加えて彫り物を入れるのは激痛をともなうので、「痛みに耐えた」という根性の証でもあるのです。

ちなみに、格闘家やプロレスラーなどが「強そうに見える」からという理由で入れているケース、若者がファッションの一環として入れたりするケースもありますが、ほとんどの人は「子どもをプールや銭湯に連れていけなくなった」と後悔しています。それほどに彫り物は、日本人にとって「罪人」の象徴になっています。

一方で、日本の入れ墨、すなわち「和彫り」は世界的に芸術として認められているという側面があるのも事実です。1891年、ロシアの皇太子ニコライ（のちのニコライ二世）が初めて来日したとき、入れ墨を彫っています。その出来栄えに大変感動したといわれています。

日露戦争の際に戦うことになるロシア皇帝までもが入れ墨に感化され、自ら入れ墨を彫りました。日本人にはネガティブなイメージでも、外国人にとって和彫りはクールでかっこいいイメージなのです。

Q75 いじめ問題をなくすにはどうすべきか？

「昔のいじめは今ほど陰湿ではなかった」と言う人がいますが、それはいじめっ子の理屈です。昔からいじめられるほうは死ぬほど悩んでいたはずです。江戸時代にも陰湿ないじめで切腹する人はたくさんいました。

日本史的に有名ないじめといえば、「本能寺の変」です。ざっくり言えば、年上の明智光秀が年下の織田信長からぼろくそに叩かれて、その怒りからリベンジを果たした。織田信長がイキりすぎたのが原因です（諸説あり）。

さらに遡れば、「紀伊国阿氐河《あてがわ》荘《のしょう》民訴状」という史料があります。鎌倉時代の1

275年、地頭が農民たちをこき使ったことに対し、農民が法的に訴えるという事件がありました。

この訴状の中で、本来の荘園の領主である高野山に納める材木が遅れた原因はすべて地頭にあるとしています。「現地の管理人である地頭が横暴で、『耳を切れ』『鼻を削げ』などと言われた」と書かれています。一種のパワハラ告発です。

有名なところでは『忠臣蔵』の話も、一種のいじめ案件といえます。要は、吉良上野介《きらこうずけのすけ》にいじめられた赤穂《あこう》浪士側が吉良邸に討入りした事件です。たしかに、いじめた側にも原因はありますが、冷静に考えてみれば、将軍が決めた裁きに対して言うことを聞かず、相手の家に乗り込んで殺害したのですから、法治国家とは思えないめちゃくちゃな話です。ちなみに、当時は、生類憐みの令が発令され、人々のストレスが溜まっていた時期です。赤穂浪士の一件は憂さ晴らしの対象となり、幕府への批判も高まりました。そのため、五代将軍綱吉は赤穂浪士たちを全員打ち首にせず、切腹にしてソフトランディングさせています。

これらの3つは、歴史上有名ないじめ事件といえます。

付け加えると、明治期の大隈重信も、一種のいじめに遭っています。自分が留守の最中に明治十四年の政変というクーデタで政府をやめさせられたのです。大隈重信が奮起して翌年につくったのが「立憲改進党」と「東京専門学校（早稲田大学）」です。いじめがあったからこそ、彼の提唱する「在野の精神」が生まれたともいえます。

このように歴史上、いじめ問題はいつの時代もありましたし、いじめられた側がやり返してもいるのです。歴史を振り返ると、現代の問題も、とらえ方が変わることがわかってもらえたでしょうか。

Q76 「1600年に関ヶ原の戦いが起きたことを知って何の役に立つんですか？」

講師の仕事をしていると、この手の質問を受けることがよくあります。学生なら、気持ちはわかる。テストがあり、覚えるのが大変。でも、質問の主は大抵、大人です。身もフタもないことを言えば、「自国に対する最低限の教養がないと社会で通用しない」から。そして「日本史の仕事をしている人間に対して、そんなことを面と向かって言い放つ（あなたのような）人にならないため」の2つが答えです。でもそんなこと、それこそ面と向かって言えません（笑）。

たしかに、年代にこだわること、場所にこだわることに疑問があるのは解ります。でも、みなさんにとって特別な人の生まれた年や出身地は覚えていませんか。他にも、その人と出逢った場所や、イベント、印象的な出来事、忘れていませんよね。年代暗記も場所も単なる記号ではありません。私たち日本人にとって、特別な出来事。

歴史のターニングポイントなのです。

過去のことでも、違う場所であっても、他人ごとじゃないんです。

まず、**歴史を学ぶ意義は、大きく3つある**と考えています。

今、ここの価値観が絶対のものではない、と知るためです。時代が変われば、国や地域が変われば、常識は変わります。それが痛感できます。

次に、**どんな人でも人生は一度きり、と知るため**です。歴史に名を残す人たちは、良くも悪くもすごい人ばかりです。でも。卑弥呼も、空海も、織田信長も、坂本龍馬も、それぞれ一人分しか人生を生きていません。そして、収穫を喜ぶ農民も、失恋した町娘も、一騎討ちに散った武将も、黙々と働く労働者も、それは同じです。

そして最後に。**「人は必ず間違う」と知るため**です。見栄や勘違いから戦いを始めてしまったり、優先順位を誤り暮らしが成り立たなくなったり、好きになってはいけない人を好きになったり。いろんな時代、いろんな場所で、いろんな人が、いろんな間違いをして、それでも生きてきた。そのことだけでも、知ってほしい。

本書が何かのきっかけになれば、とても嬉しいです。貴重な時間とお金を遣いお読みいただき、ありがとうございました。

special thanks!!

Shushu
かきのたね
あんざいあやか
ひろむもり
石川 依知那
ショータロー 94
なぴ子
kuro
宮川優輝
松尾美弥子
三浦岳
野澤良太
吉水隆太郎
かんばやし
竹内まり
まぽりん
相松 秋斗
なおや
近藤 敦
中村優
成田全
一色 空
一橋サッカー同好会
とく
ピンピサーラ
ネコピ
カモイケ
内馬場 徹
ニンニン
まここまち
千晴
しょぱ
新垣舜徳
たつひこ
坂井豊貴
鈴歌
Kaz25
ひっきたい
並木 久実
せきぐちいつき
絶賛浪人生な少女
田所浩二
いたきんぐ
尾崎大輔
つぐっち
Miz
長谷川未来
大野瑞季
さいとうさん
せせらぎ隊とぅーご
のその
大木孝一
ゆうやっぴー
macky
久坂晋作
セイロン
あんぞー
小柳省三
いかさん
中野 瑛
むつみ荘 202 号
みーぽん
高野由太郎
芳田尚哉
うえぴー
法橋秀樹
学院長
さくらひまわり
さくらもち
青柳 舞子
やのっち
さぬき
尾崎豊
跡部亮太朗
新田見 優衣
おまたひろゆき
チリソース
清花
小池 豪樹
小川花
ゆいこ
ねこ丸
やじきた
うめちゃも
原息吹
KAIRI
今滝 雄大
ひろ獅子
有）さくらコーポ
とむりな
2me
コスゲ イチロウ
ドラゴン龍
ムーミンキラー
ふかつまゆみ
朱里
曽我部恭寛
かよすこ
松田 卓己
1級の小野
神矢信之輔
渡邉響
のんのん
ぬいぬ
ぴやん
まっつん
sumika
ぶん
九羽紅緒
みみこ
ゆずりーぬ
井上真花
ちょね
あべそ @ 日本史愛す
なかやまです。
森秀一郎
ふらりん
まこと
くぬぎのしみず
まんたん
そらたん @ 渡邊宙
高橋勇人
Skyblue
Makoto T.
石川 優里菜
Ken Tsuji
宮森 昂平
春日佑月
こめ
ユイ zeka35
優輔
佐藤悠也
トリンドル毒島
空
はまい
ゆーだい
藍亭
わたそん
Roe…///
せいすけ
伊藤雄一
Saki☺
最強の受験生 K
平川 廉人
すずきぺんすけ
ゆら舞妓
久末愛美
高梨智千
東大王高井
ふぁぽりん
玉田久文
おとみ
廣本 樹哉
高溝陸
伊藤タケシ
渡航
美南
吉田裕子
杉山智昭
谷井靖史
夜鍋する婆さん
たくみ 顔
ゆいな
ponta
ツムリ
Aiolos
小暮諒
れをげねーやん
けんケンタロス
ミッチ
とある高校教師 S
谷本 勉
たらお
りん
森田凌加
やまだこうへい
きょーすけ
西村歩夢
加藤純一
荒牧大介
後藤遼太
宮田 樹弥
Akinori.M
世の中は経済力
にっしー
さくい
美和
佐藤母娘@青葉台
三河屋
71@snow
岡本梨奈
元サプリ生 Y.Y
井尻 翔汰
くろかわ
佐藤香里・花本明里
きどりょー
呑原 蓮
みゅうすけ
藤嶋陸央
山本　慧
誠
岡田　嘉正
神内真利恵
小鳥遊紅葉
我孫子ノ前ト
山村寿一
シゲルホウレンソウ
松見 stepup
熊野秀人
白土伸之
ぶんか
コマ
つきちゃん
パパ kaz
DKZ 会長
有馬博之
具
ばーちーばー
sakuraFAL
おばしん
学舎御春
りんごの栄養♪
ふみや
もえ
橋本嶺皇
ToM27
田所浩二
つくえくん
大西 聖人
伊東
ウメザワ大統領
1stLady.

著者略歴

伊藤賀一（いとう・がいち）

1972年9月23日京都生まれ。リクルート運営のオンライン予備校『スタディサプリ』で日本史・倫理・政治経済・現代社会・中学地理・中学歴史・中学公民の７科目を担当する「日本一生徒数の多い社会講師」。43歳で一般受験し、2018年現在、早稲田大学教育学部生涯教育学専修３年に在学中。

新選組で有名な壬生に育つ。洛南高校を経て法政大学文学部史学科卒業。東進ハイスクール最年少講師として30歳まで出講後、教壇を一旦離れる。全国を住み込みで働きながら見聞を広め、四国遍路を含む４年のブランクを経て秀英予備校で復帰。経験職種20以上という、多彩な経験をベースに圧倒的話術で展開される講義は、爆笑で「教室が揺れる」と形容される。

著書・監修書は、文庫『世界一おもしろい日本史の授業』シリーズ、『「カゲロウデイズ」で中学歴史が面白いほどわかる本』、『これまでイマイチわからなかった人も すぐにわかるようになる すごい哲学』（以上KADOKAWA）、『学習版 日本の歴史人物かるた』（幻冬舎）、『伊藤賀一の速攻！センター現代社会』（文英堂）など累計27万部。

活動は受験指導に留まらず、辰巳法律研究所・池袋コミュニティカレッジ・東急セミナーＢＥ・ホームクレール世田谷中町等にも出講し、高い支持を得ている。また、『京都をつなぐ無形文化遺産』PR映像講師、調布FM『伊藤賀一の社会科BLUES』パーソナリティー、シアタープロレス花鳥風月リングアナウンサーを務めるなど、その複業術も注目を集める。

SB新書　453

ニュースの“なぜ？”は日本史《にほんし》に学《まな》べ
日本人《にほんじん》が知《し》らない76の疑問《ぎもん》

2018年11月15日　初版第1刷発行

著　者　伊藤賀一

発行者　小川 淳

発行所　SBクリエイティブ株式会社
〒106-0032　東京都港区六本木2-4-5
電話：03-5549-1201（営業部）

装　幀　長坂勇司（nagasaka design）
組　版　白石知美（システムタンク）
地図制作　斉藤義弘（周地社）
本文デザイン　荒井雅美（トモエキコウ）
校　閲　鷗来堂
編集協力　高橋一喜、桑原晃弥
動画制作　伊藤孝一（SBクリエイティブ）
編集担当　坂口惣一

落丁本、乱丁本は小社営業部にてお取り替えいたします。定価はカバーに記載されております。本書の内容に関するご質問等は、小社学芸書籍編集部まで必ず書面にてご連絡いただきますようお願いいたします。
©Gaichi Ito 2018 Printed in Japan
ISBN 978-4-7973-9629-4

北ミサイル問題！対立する、米朝！
日本はどうする？人気シリーズ第二弾！

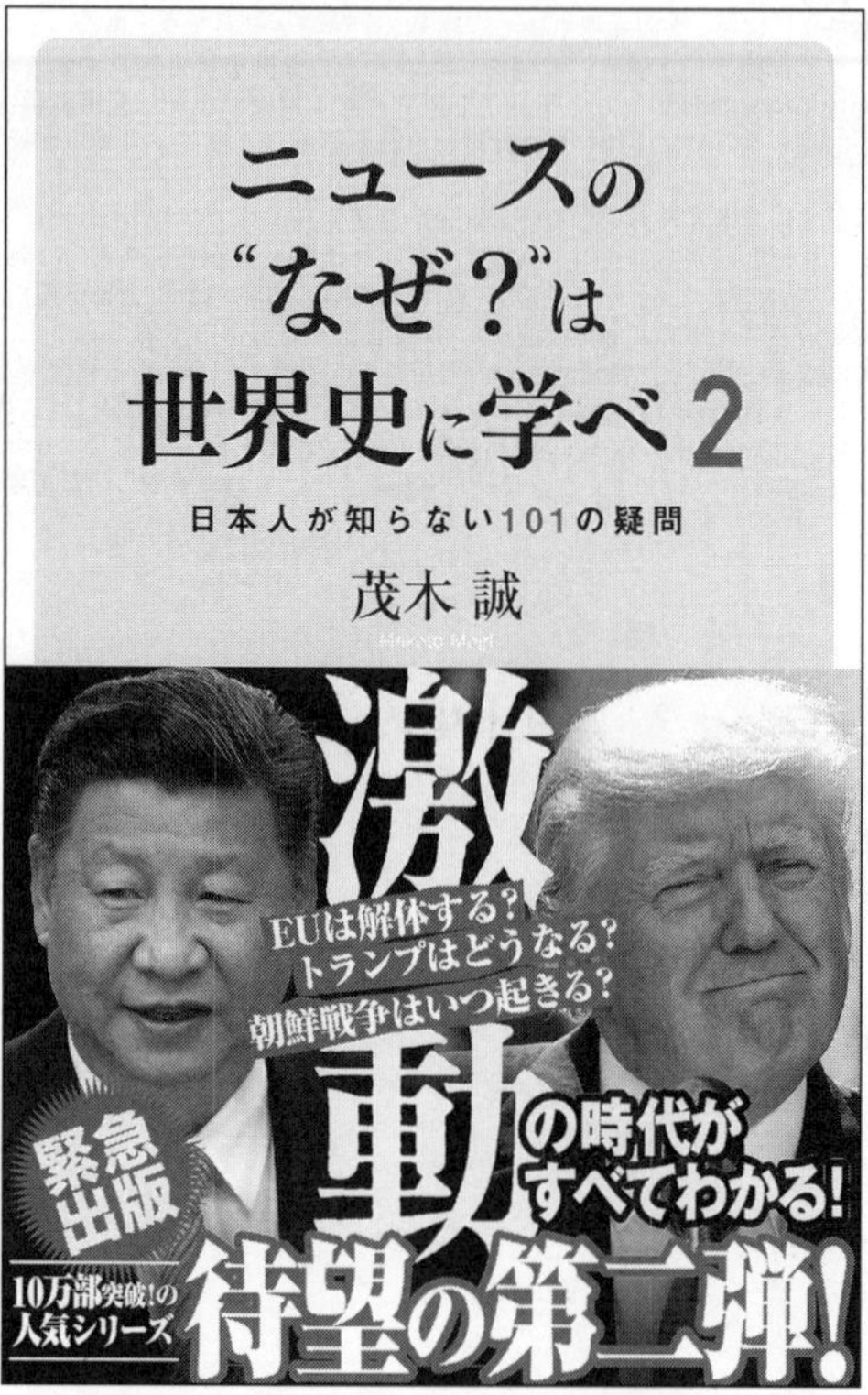

ニュースの“なぜ？”は世界史に学べ 2

茂木 誠

定価：本体価格820円＋税　ISBN 978-4797391657